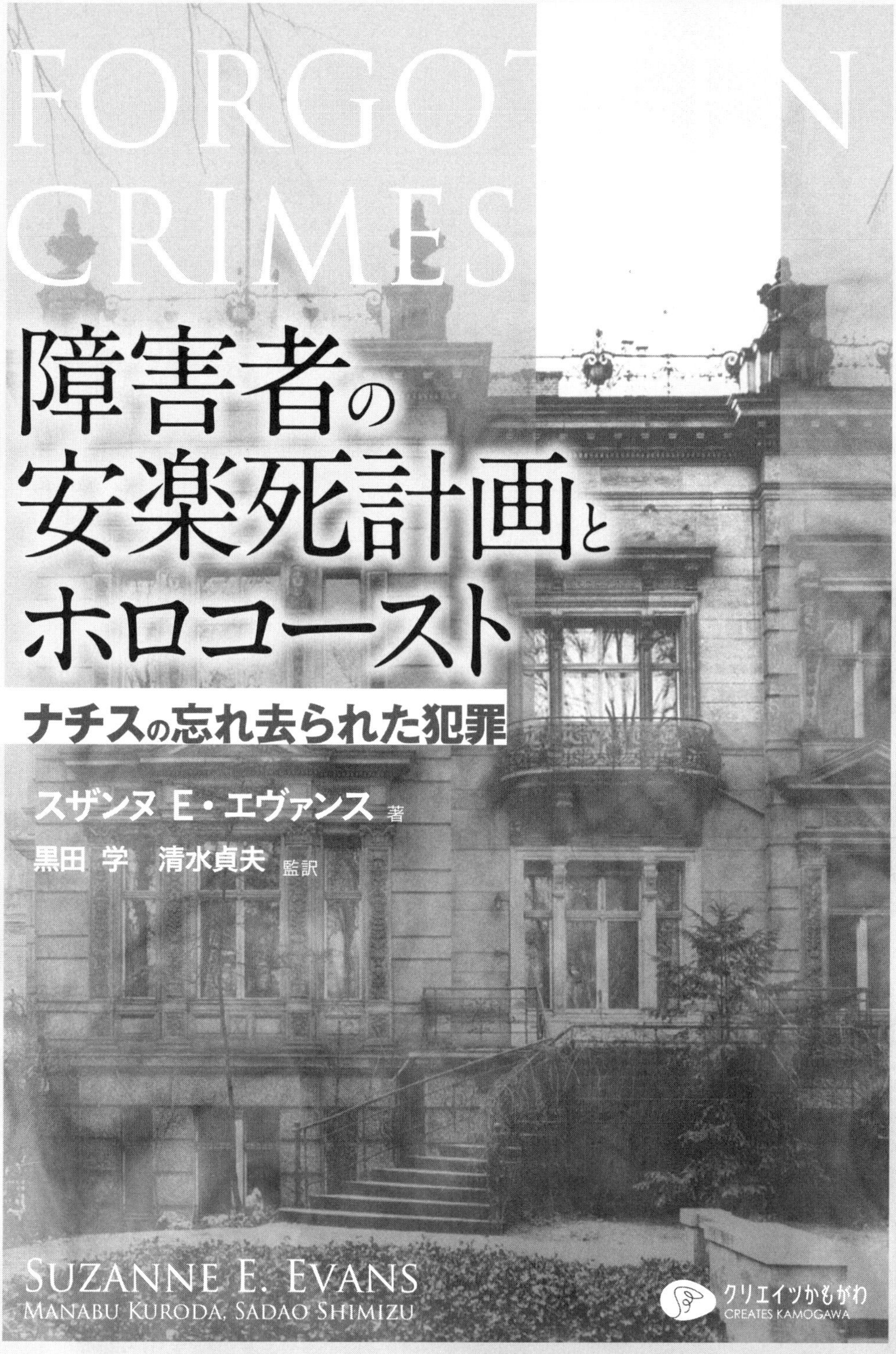

FORGOT N
CRIMES

障害者の安楽死計画とホロコースト

ナチスの忘れ去られた犯罪

スザンヌ E・エヴァンス 著

黒田 学　清水貞夫 監訳

SUZANNE E. EVANS
MANABU KURODA, SADAO SHIMIZU

クリエイツかもがわ
CREATES KAMOGAWA

凡例

1. 原書は、英書であり、ドイツ等の人名、地名等の固有名詞については、英語による表記となっているが、可能な限りドイツ語等による表記を参照し、訳出した。なお、日本で定着し、慣用的に用いられているドイツ等の人名、地名等の表記を優先し、日本語に慣用的表記のない人名、地名等については、原音に近い表音表記を使用した。
2. 著者による原注は、文中に 1)、2) と付し、巻末にまとめた。また、文中の（ ）は、著者によるものである。
3. 翻訳者による訳注は、文中に〔1〕、〔2〕と付し、各章末にまとめた。また、文中の[ ]は、訳者によるもので、割注を示している。
4. 原書の･･･は、（中略）と置き換えている。
5. 「白痴」「精神薄弱」などは、現在、差別的な意味を含む用語であるため使用しないが、本書では歴史的記述として原書に従っている。
6. 人名等の表記上の明らかな誤りは、特に断らずに修正した。

Translated from the English language edition of Forgotten Crimes: The Holocaust and People with Disabilities, by Suzanne E. Evans, originally published by Ivan R. Dee, an imprint of The Rowman & Littlefiled Publishing Group, Inc., Lanham, MD, USA.

序

障害のある人たちの非人間化は、ホロコーストで始まったのではない。また、ナチスの敗北で終わったのでもない。ヒトラー政権下のドイツによる行為は、障害のある人たちを絶滅しようとする、最も構造化されたとてつもない企てであったが、それは障害のある人たちに対する有史以来の扱いを反映したものである。残念ながら、社会は障害のある人たちを長い間、隔離し、社会の周辺に追いやってきた。障害のある人たちを本質的に非生産的な人々、ナチスの言い方をすれば「穀潰し」と見なしてきたのである。

障害のある人たちを社会の重荷であり、役立たずのメンバーと見なすと、それが自己充足的予言となることがしばしばである。さまざまな差別がそうであるように、障害のある人は劣等視され、また、そう見なされることで、教育、仕事、生活上の多様な機会で制約を受ける。そうした態度が循環していくという事実を認めるのでなく、また、社会の障壁や差別の結果とみないで、障害のある人の本質的特徴としてしまうのである。

ナチス時代に、価値のない命とされて、絶滅に値する人々として、障害のある人がターゲットにされてしまうまでに極限化したのは、いかなるプロセスがあるのか。ホロコーストの研究者は、ナチスによる障害者殺戮は男性、女性、子ども何十万人にも及ぶと推察している。そのような行為を生み出した非人間化は、どのようなものであったのか。

こうした疑問は、歴史的でもなければアカデミックな問題もない。ナチスがプロパガンダによって障害のある人たちに張り付けたスティグマ、ドイツの医学会に浸透した幾多の姿勢、そして、障害を憎悪すべきものとする見方、これらすべては今日においても浸透し、永続している歴史的遺産になっている。それらが、今日、世界のどこにおいても、障害のある人たちの地位を直接示している。何百万人もの障害のある男性、女性、子どもたちは、孤立、排除、否定的なステレオタイプに晒され続けている。「安楽死」、殺戮の生起を許したように。

世界中のどこでも、身体障害、感覚障害、知的障害のある人たちは、多くが実効性のある権利もなく生活している。障害のある人たちは、世の中で、ちょっとした尊厳を得るために苦闘している。尊厳は、文字通り、また形式的にも障害のある人たちにとって得がたいものである。否定的な態度は、自立した生活、教育や仕事の獲得、結婚して子どもをもつことへの越えがたい障壁にしばしばなっている。障害は隠すべきもの、固定されたものであり続けている。せいぜい、障害は慈善ないし哀れみの対象となる。障害のある人たちに対するナチスのキャンペーンを分析することで、私たちは、現代の問題と対話することができ、障害のある人たちの分離と社会周辺化に対する引き続く闘いなのであると深く理解できる。

「不完全な」人間という考え、また障害のある人たちは、非生産的であり価値がないという観念は、ナチスの政策の中心であったが、現在の各種政策の根底にも横たわる。遺伝子検査、自殺幇助、保健ケアの上限設定などのきわめて論争的な話題に込められた、進行中の議論の基礎ともなっている。それらは、保険へのアクセスや働く場での合理的配慮にかかわる政策論争、司法判断に静かに忍び込んでいる。

こうした話題にかかわる議論は、障害のある人の本質的価値や貢献の可能性について、ある種の想定をはらんでいる。障害をかかえているというだけで、新生児を巧妙に医学的に殺戮することが、学者や医師の間で「倫理」問題として議論される世界にあっては、ナチスの経験は、無視され忘れ去られるべきではない。それとは反対に、ホロコーストから重要な洞察と警告を引き出すべきである。

特に、科学者、知識人、政治家が、人間の生命の質について判断をするようなときには、そうである。私たちがナチスの障害のある人の殺戮という悪夢の事実を理解できるのは、その歴史のバックグラウンド、その恥辱に満ちた歴史的遺産、それが醸し出す避けがたい問いと対峙してのことである。

ナチスの殺戮を詳述してくれている本書は、そうした理解にはかりしれない貢献をしてくれる。「障害者権利擁護（Disability Rights Advocates）」[1]は、この重要な書籍を発行できたことで賞讃されるであろう。なぜなら、本書は私たちが障害のある人たちの迫害と放置の問題を理解し、立ち向かう助けをしてくれるからである。

本書『障害者の安楽死計画とホロコースト――ナチスの忘れ去られた犯罪』は、障害をかかえながら生活する人々による人権と基本的自由の全面的享受が、いかに確保されるべきかの論議に、重要かつタイムリーな貢献となる。なによりも、本書は障害のある人たちの人権が、ますます促進、擁護、監視されなければならないことを、しっかりと提起してくれている。

ベンクト・リンドクビスト（Bengt Lindqvist）[2]

国連・社会開発委員会の特別報告者（1994－2002年）

【訳注】

〔1〕「障害者権利擁護（Disability Rights Advocates）」は、米国の非営利団体、障害者権利擁護のための法律センターであり本書の出版を企画した。

〔2〕ベンクト・リンドクビスト（Bengt Lindqvist）（１９３６〜２０１６年）は、スウェーデンの元社会省大臣、全盲の視覚障害者であった。

はじめに

1939～1945年の間、ナチス政権は何十万人もの障害のある子どもと成人を安楽死計画といわれる計画の下で組織的に殺戮した。その安楽死計画は、すべての障害児者を抹消しようとするものであった。ナチスの人種イデオロギーによれば、障害のある子どもと成人はドイツ民族の健康と純粋性にとって脅威であった。アーリア人種の支配を確立する方法として、ナチス政権が始めた絶滅の対象とされた最初の人々は、「くずの子ども」「帝国委員会の子ども」（Ausschusskinderer）などと呼ばれた子どもたちであった。そうした子どもは、遺伝性の障害をかかえて生まれたと考えられたのであった。

ヒトラーの（秘密の）命令書により、ドイツの医師、看護師、保健関係役人、助産師は、3歳までの乳児と幼児で「精神遅滞」の徴候や身体的奇形を示すものを報告することを求められた。それも報奨金を得てのことである。そして、その報告をもとにして、「医学専門家」（鑑定人）の委員会が生存させる子どもか、殺害する子どもかを決めたのである。殺すべき子どもは、家庭または居住する施設から引き離されて、小児殺戮病棟に転送される。殺戮病棟に着くと間もなく、その子どもたちは、致死薬注射で殺害されるか、「飢餓の家」と呼ばれるところに収容されて、栄養失調により時間をかけ苦痛のもとで死んでいった。

障害をかかえて生まれた子どもをドイツからなくすことが、ヒトラーによる「国民国家（völkisch）」構想の中心にあった。子どもはドイツの未来を示すという理由で、ヒトラーは、すべての精神および身体的な

「欠陥」児の抹消が人種の浄化にとって決定的に重要な手段と考えたのである。研究者たちは、ナチス政権により障害のある子どもが正確には何人殺戮されたかについては意見が分かれている。しかしながら、多くの研究者は、その殺戮者数が5000〜2万5000人にのぼるということでは一致している。

ドイツの障害のある子どもの抹消が進行している最中に、その殺戮計画を担当していたカール・ブラント（Karl Franz Friedrich Brandt）とフィリップ・ブーラ（Philipp Bouhler）の二人が、「不治の」疾患をかかえるすべてのドイツ人成人の「慈悲の死」を可能にする権限を、すべてのドイツ人医師に付与する命令書に署名するようにヒトラーに願い出る。

1939年10月に、ヒトラーが同意すると、すぐにナチスの役人は、不治の病者をケアするすべてのドイツの病院や入所収容施設に質問紙と申告書を送付する。その書類は、統合失調症、てんかん、麻痺、脳炎、ハンチントン舞踏病、重度身体奇形などの患者をすべて報告するように求めるものであった。提出された書類をもとにして、ナチスの医師が、子どもたちの殺戮計画のときの手順にしたがい、どの患者を殺すかを判断するのである。

殺すとされた人は、6か所の公式「安楽死」施設のいずれかに移送され、大きなシャワー室あるいは「治療吸入」室に似せて造られた部屋で、ガスによる死に追いやられたのである。1940年1月から1941年8月までの間に、少なくとも27万5000人もの障害のあるドイツ人がナチ政権のT4作戦により殺戮された。T4作戦の名称は、作戦中央本部がベルリン市のティアガーテン通り4番地[1]にあったことで名づけられたものである。

さまざまな手管を使って、T4安楽死計画の本当の目的を隠そうとしたが、殺戮の秘密はもれることになる。例えば、スタッフのなかに、勤務後に酒場で飲んでいて殺害を口にした者がいたし、殺害された男性の親類に送られた骨壷から女性のヘアピンが見つかったりもした。被害者はすでに虫垂を切除していたにもかかわらず、虫垂炎が死因とされていたりした。

1941年の夏には、ドイツ中の保護者や司祭たちが、怪訝に思い、公然と殺人に抗議の声をあげはじめた。例えば、1941年8月3日には、クレメンス・アウグスト・グラフ・フォン・ガーレン（Clemens August Graf von Galen）司教は、教区民に説教し、彼が知りえた殺人のあらましを詳細に話している。同じ頃、保護者たちが、悲嘆のあまり、裁判所に訴え、子どもたちがナチスの医者の「ケア」を受けている間に、不可解な病気で突然に不慮の死を迎えてしまったことを地元の新聞に広告し始めた。

こうした批判と懸念に対して、1941年8月24日に、ヒトラーは、6か所の安楽死施設での「慈悲の死」をただちに停止する命令を出す。公式な停止命令にもかかわらず、ナチス政権は、ほかの地域、ほかの方法で障害のある人の殺戮を継続する。この時期は本部がなくなった時期であり、この大量殺戮は「野生化した安楽死」と言われたりもする。この期に至り、ナチスの医師は、自分勝手な基準で、誰を生存させるのか、誰を殺すのかを決めたのである。かくして、無差別大量殺戮が一般病院のお決まりの方法に組み込まれ、ドイツやオーストリアおよび占領地の何十万人もの障害のある患者が、銃殺、凍死、餓死、拷問死、毒殺された。

その間、ヒトラーの停止命令後すぐに、14f13作戦という新たな殺人計画が立案される。それは、病気があったり、労働ができなくなった「反社会性[2]」の収容者を過密化したナチスの強制収容所から「除去」することをねらったものである。簡単な医学健診をした後、そうした収容者は近くの殺戮施設に転送されて、そこで、単に労働ができないという理由で、ガス室で殺されたのである。

「T4作戦」や「14f13作戦」が始まる前においても、ナチスの役人は、プロイセン州、占領地のポーランド、旧ソ連邦で、精神病患者を殺していた。例えば、1939年9月29日から11月1日までの間に、親衛隊の行動隊（Einsatzgruppen）がポーランドのブロムベルク地区[3]の収容施設の患者3700人を銃殺した。また1939年12月から1940年1月までの間に、親衛隊が特殊改造車を使って、ポーランドの収容施設からの1558人の患者をガス殺した。それは、予想された戦時の傷痍者病棟と軍兵舎を確保するためであった。1945年までに、75万人もの障害のある人が、ナチス政権により殺戮されているのである。

大量殺戮に加えて、ナチス政権は、遺伝病子孫予防法（断種法）により約50万人の障害者を強制断種している。1933年7月、ドイツ政府により制定された同法は、例えば、精神薄弱、統合失調症、躁鬱病、遺伝性てんかん、ハンチントン舞踏病、遺伝性盲、遺伝性聾、身体奇形など、「遺伝性」と考えられる疾患に罹患しているすべての人の断種を義務づけている。何千人ものドイツ人が、欠陥だらけの断種手術や腐食性薬品の生殖器官への注入実験により死んでいる。

第二次世界大戦後、政府および司法当局は、障害のある被害者をナチス政権により迫害された者として認めなかった。安楽死や断種をまぬがれた人たちが、殺戮病棟で過ごした時間や強制断種の償いをうけることはなかった。断種法は、連合国により無効とされたが、大戦後のドイツ政府は、ナチス時代の断種を人種的迫害として認識しなかった。また大戦後の裁判所は、強制断種は法的に適正な手続きで行われたとの見解を一貫して示していた。そうした見解に立ち向かった障害のある人たちは、訴訟で負け続けた。

例えば、断種されたろう者の控訴審では、裁判所の指定した二人の医師が、先天性聾の発見は、適法であったがゆえに、断種は当時の法律の下で法的に許されると証言し、1950年に敗訴している。同様に、1964年にナチス時代に断種された人からの賠償を求める控訴審では、訴人は耳が聞こえないろう者であるので、訴人の断種はナチスの迫害を構成しないとして、賠償は認められなかった。今日に至るまで、ドイツ政府は、ナチス政権により障害のある人に対してなされた残虐行為を認めていないばかりか償いをしていない。今日まで、このような残虐行為が起きたことを知っている人はほとんどいない。[1)]

本書で記述した犯罪は、ナチス・ドイツ特有のことであるが、障害のある人への非人間的かつ侮辱的扱いは、現代社会においても見受けられる。例えば、ギリシャ当局は、最近、西欧のテレビ局が報道するまで、レロス島の精神病者の強制収容所の存在を隠し続けてきた。イギリスでは、アッシュワースやランプトンの監禁病院で、患者が絶えず虐待されていた。それも、患者が特にアフリカ系カリブ出身者である場合に虐待されていた。

最近では、「重篤な欠陥人間を殺害することよりチンパンジーの殺害の方が悪い」と主張するペータ・シンガという倫理学者の考えをめぐって議論が持ち上がっているが、それはホロコーストにつながった考えであり態度である。こうした考えや態度が、今日においても、世界に広く認められるのである。[2)]

そのため、ホロコースト時代における障害のある人たちの大量殺戮を思い起こすことは、次の二つのことを理解するうえで極めて重要である。〔1〕どのように、またなぜ障害のある人たちが、現代社会で社会の周辺に追いやられ続けるのか、〔2〕ホロコーストが起きることを許した態度や道徳上の失敗はなにか。ナチスの残虐行為が全面的に認められ記憶されない限り、私たち全員が危機に直面し続けたままである。

【訳注】

〔1〕ベルリン市のティアガーテン通り4番地は、現在、ベルリン・フィルハーモニー（コンサート・ホール）がある。

〔2〕「反社会性」の収容者には、病人、障害のある人、犯罪者だけでなく、反体制の政治犯も含まれていた。

〔3〕ブロムベルク地区は、現在のポーランド、ブィドゴシュチュ（Bydgoszcz）のことである。

CONTENTS

図１安楽死計画の組織図

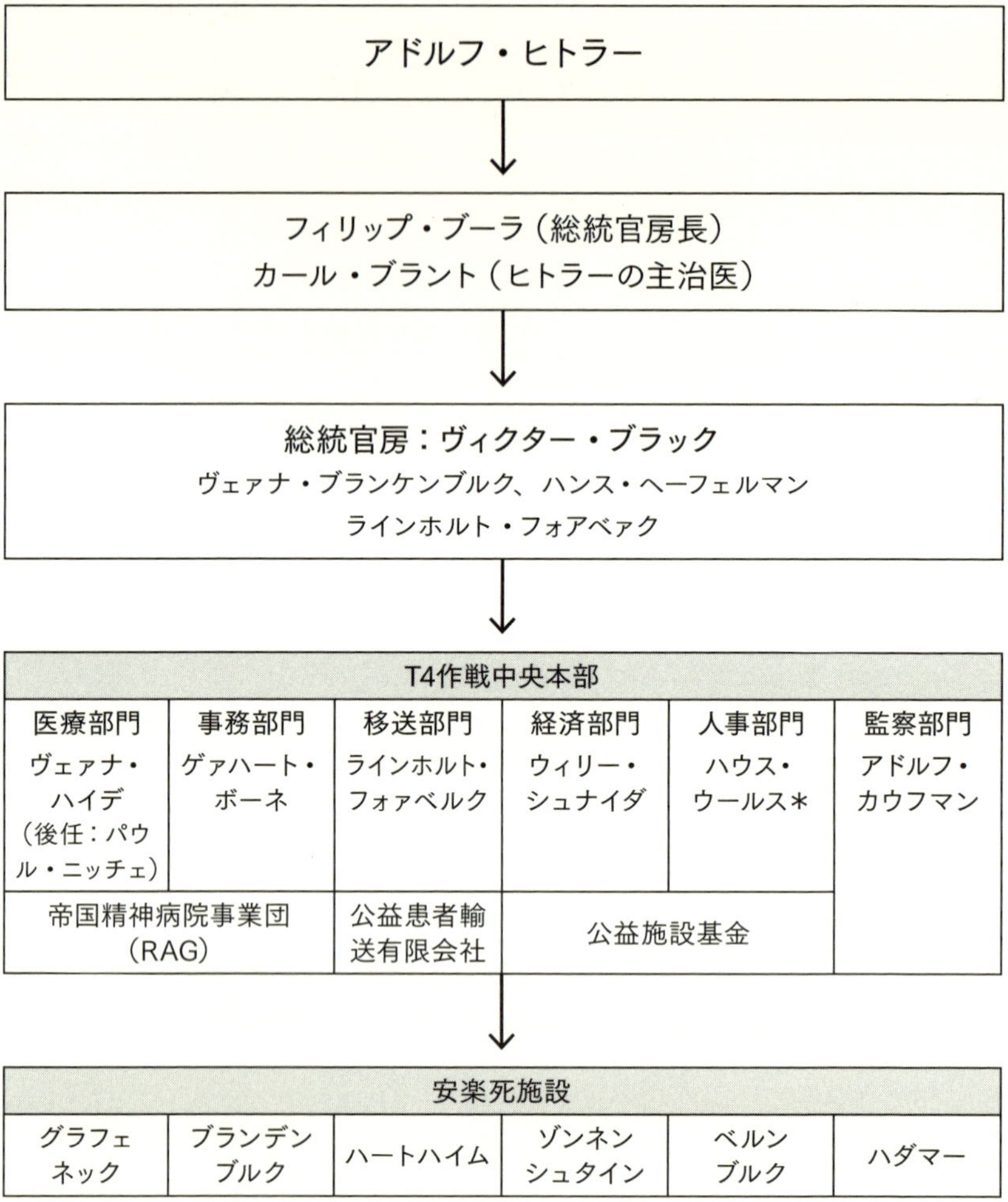

注）＊ハウス・ウールスは、本書での記載がない。
出所：エルンスト・クレー（松下正明訳）『第三帝国と安楽死』批評社、1999年、214～215ページの「安楽死の組織図」より黒田が一部改変し作成した。

図２安楽死施設の所在地

■ 安楽死施設　△ 絶滅収容所　○ 絶滅・労働収容所　• 主要都市
★子どもたちの殺害病棟（「飢餓の家」）　━ 1940年５月のドイツ国境線

注：なお本書記載のすべての施設、都市を表したものではない。
出所：Richard J. Evans, *The Third Reich at War*, Penguin Books, 2010, p.88.
　　　および長谷川公昭『ナチ強制収容所』草思社、1996年、8ページ、より黒田作成。

第1章
子どもたちの殺害計画

FORGOTTEN CRIMES

個人的自由の権利は人種保護の義務の前では後退する。それは中途半端な施策であってはならない。不治の病人たちが、残りの健康な人々を着実に汚染していくことを許すのは、中途半端な施策である。これは一人を傷つけることを避けるがために、他の100人を滅ぼしてしまう人道主義の精神に合致している。もし必要であるなら、不治の病人たちは容赦なく分離されるべきで、そのことで苦しむ不幸な人にとっては残忍な措置であっても、彼の仲間たちや子孫にとっては恵みとなるだろう。

アドルフ・ヒトラー（1923年）

1938年秋のある日、一人の赤ん坊が、ドイツのライプツィヒ近郊に住むクナウア家に生まれた。そこはベルリンの南西約200キロにある小さな村だった。しかし、家族にとって喜びの機会となるべき出来事は、悲しみと絶望の原因となることを示していた。その赤ん坊は、生まれながらに目が見えず、奇形であった。簡単な検査をした後にライプツィヒの医師たちは、その赤ん坊を「白痴」〔1〕と診断した。[1)]

数日後、その赤ん坊の父親は、ライプツィヒ大学小児病院の院長であったヴェァナ・カーテル（Werner Catel）博士と面談した。そして、カーテル博士は、その赤ん坊をこの病院に入院させることに同意した。後に、カーテル博士は、父親が病院の医師たちに赤ん坊を殺すよう依頼してきたが、「子どもを殺すことは法律に違反する」ことを理由に拒否したと主張している。

その後、父親は子どもの殺害をアドルフ・ヒトラーに直訴したと伝えられている。その訴えを読んだヒトラーは、彼の主治医であったカール・ブラントに命じて、ライプツィヒの医師に会って、その嘆願書に書かれている内容が正確かどうかを見極めさせた。ブラントは後に「もし父親から提供された事実が正しければ、私は医師たちにヒトラーの名のもとに安楽死を実行できると伝えるはずだった」と証言している。

ブラントは、子どもを殺害することによって、医師たちに対して起こされるかもしれない訴訟は、ヒトラーによって無効にされるだろうということを医師たちに伝える権限も与えられていた。医師たちと会い、その子どもに簡単な検査を行った後で、ブラントは最初の診断が正しいことを確認した。まもなく、ライプツィヒの医師たちの中の一人が、その子を「安楽死」させた。こうして、最終的にはナチス政権による子どもたちの殺害計画につながる舞台が準備され、そこで何千人もの障害のある赤ん坊や子どもたちが残酷に、そして、計画的に殺害されることになる。[2)]

ニュルンベルク裁判で、カール・ブラントは、クナウアの赤ん坊に何が起こったのかについて証言している。

ブラント／奇形児の父親は、総統に近づいて、この子あるいはこの生き物は殺されるべきだと嘆願しました。ヒトラーはこの問題を私に引き継いで、すぐライプツィヒに行って、そこで事実を確認するように私に言いました。それは、盲目で「白痴」の（少なくとも私にはそのように見えた）子どもで、片方の脚と腕の一部が欠けていました。

質問／証人、あなたは、ライプツィヒの事件、つまり、この奇形の子どもについて話していますが、ヒトラーはあなたに何をするように命じたのですか？

ブラント／ヒトラーは、父親の陳述が本当かどうかを判断するために、私にその子どもの世話をしていた医師たちと話すように命じました。そして、もしその陳述が正しければ、私は医師たちがヒトラーの名の下に安楽死を実行できることを知らせるはずでした。

重要なことは、両親に子どもの死に責任があるという印象をもたせない「安楽死」にすることで、後になって、両親が罪の意識を感じないようにすべきだということでした。さらに私は、もし医師たちがこの手段のために何らかの訴訟に巻き込まれたとしても、そうした訴訟手続きは、ヒトラーの命令によって無効にされるだろうと言うように命じられました。

質問／関係していた医師たちは何と言いましたか？

ブラント／医師たちの意見は、このような子どもを生かしておくことは、正義ではないというものでした。[3)]

ヴェァナ・カーテルはクナウアのケースについて、子どもの父親と議論したが、その赤ん坊が入院したあとすぐに、自分は長期休暇を取ったとのちに証言している。カーテルが休暇から戻ったとき、カーテルは、彼の部下の一人であったコールという博士が、看護師たちが休憩をとっている間に、その子どもに致死薬注射を実行したとの報告を受けた。ブラント博士とカーテル博士は共に子どもの死に対する責任を回避しようとしたにもかかわらず、両氏は子どもたちの殺害計画の始まりとして、クナウア事件の重要性を強調した。[4]

歴史家の中には、このナチス政権による安楽死計画は、非公式かつ場当たり的に展開していったと主張する者もいるが、この見解は既存の証言や証拠と矛盾している。例えば、カール・ブラントはニュルンベルク裁判で、1935年にヒトラーは、著名なドイツ人医師であったゲァハルト・ワグナ（Gerhard Wagner）に次のように話したと証言している。

「もし戦争が起こったら、彼は安楽死問題を取り上げて、それを実行するだろう。（中略）それは、このような問題は戦時下では、より簡単に、よりスムーズに実行できるだろうし、教会から起きるかもしれない大衆による抵抗運動は、戦争の最中には顕著な役割を果たさないだろうというのが総統の意見だったからである」

また、ブラントは、ポーランド侵攻の直後に、オーバーザルツベルク［ミュンヘンの南東、オーストリアの国境近く］でヒトラーと会談したときのことを振り返っている。ヒトラーは「安楽死の問題について明確な解決を望んでいる」と話し、「彼がイメージしていることについて、私に大まかな指令を与えた。基本的には、精神疾患のある人は、もはや意識的な生活を送れることはなく、死を通して救われるべきであると。そして、一般的な指示は続いた」とブラントは振り返った。[5]

安楽死計画が場当たり的に展開していったとする説明と矛盾する資料は他にもある。1939年の夏、ヒトラーの主治医であったテオ（テオドール）・モレル（Theodor Gilbert Morell）は、19世紀以降に安楽死をテーマに書かれたすべての資料を再検証した。そしてモレルは、それらの資料をもとに「生きるに値しない命を終わらせること」を認める法律の必要性についての長いメモを書いた。

モレル博士は、他の施策においても、先天的な心身の「奇形」に苦しんでいる人々を殺すことを一つの方法として提案している。その理由は、そのような「生きもの」は高額な長期ケアを必要としており、人々に「恐怖」を喚起し、そして「最も下等な動物レベル」を象徴しているからというものであった。また、モレル博士は、このような法律がもたらす経費削減の効果を次のように強調した。

5000人の白痴一人ひとりにつき毎年2000ライヒスマルク、総額1億ライヒスマルクのコストがかかっている。金利を5％とすると、これは2億ライヒスマルクの資本準備金に相当する。[2] インフレ時代以降、数字に対する感覚がおかしくなっていた人々にとっても何かを意味するはずだ。加えて、人は別に国内の食糧の放出と特定の輸入品に対する需要の減少を考慮に入れなくてはならない。[6)]

モレル博士がメモの準備をしていた頃、刑法改正法務委員会（Ministry of Justice Commission on the Reform of the Criminal Code）は不治の病で苦しんでいる人たちの「安楽死」を容認する同様の法律を立案した。法律（一部）は次の通りである。

第一条：本人あるいは他の人たちに大きな負担となっている不治あるいは終末期の病気で苦しんでいる人は誰でも、本人の明確な希望があり、特別に権利を与えられた医師の承認があれば、医師に慈悲の死を要求することができる。

第二条：不治の精神病のために恒久的な施設収容を必要とし、自立した暮らしを維持することができない人の生命は、痛みのない医学的な処置によって密かに早期に終わらせることができる。[7)]

これらの考えに触発されて、「帝国重度遺伝病科学委員会」〔3〕は、1939年8月18日付で通達を発した。それは「奇形」をもって生まれたすべての新生児の強制登録を求めるものであった。わずかなお金と引き換えに、ドイツの医師と助産師は、ダウン症、小頭症、水頭症、麻痺、先天的な聴覚障害や視覚障害、その他の身体的、神経的な障害をもって生まれ、彼らの保護下にあるすべて子どもたちの報告しなければならなくなった。これらの報告書は、ベルリンにある帝国重度遺伝病科学委員会本部に送られ、そこで3人の「医学の専門家」〔4〕による審査会で精査されることになっていた。

命がかかっている子どもたちに会うことも、調べることもせず、これらのいわゆる「専門家」たちは、報告書を審査した。もし、その子どもが殺されるべきだと思ったならば「＋」（プラス）のサインを、その子どもが生きるべきであると思ったなら「－」（マイナス）の記号を、そして、ごく稀にさらなる検討が必要とされた境界線上のケースには「?」(クエスチョンマーク)が付けられる。

帝国重度遺伝病科学委員会は、これらの判定に基づき、小児殺害病棟として都合のよい近隣施設に子どもたちを移送する手配を各地域の保健所に指示する。[8] 最初のこうした病棟は、1940年にブランデンブルク＝ゲルデン、ライプツィヒ、ニーダーマールスベルク、シュタインホーフ、エグルフィング＝ハールに設置された。そして、1943年までに23の追加病棟が、ベルリン、ハダマー、アイヒベルク〔スイス〕、ハンブルグ、カルメンホーフ、カウフボイレン、ローベン、ミゼリッツ＝オブラヴァルデ、シュトゥットガルト、ウヒトシュプリンゲ、ウィーン、その他の町に置かれた。1939年から1945年の間に、すくなくとも5000人、おそらく2万5000人もの障害のある子どもたちが、ドイツ、オーストリア、ポーランド、その他の占領地で殺戮された。[9]

絶滅のために選ばれた多くの子どもたちは、自宅や入所施設から、窓が目張りされた大型の「灰色のバス」で、殺害病棟まで移送された。ナチス政権はこの殺害を秘密にしようとしたが、病棟の近くに住む人々の多くは、子どもたちに何が起こっていたかを知っていた。例えば、ウァスベルク精神薄弱児ホームで生活を共にして障害のある子どもたちを教えていた修道女たちは、ナチス当局が幼い子どもたちを集めて、グラフェネックやハダマーに移送するバスに乗せようとしている間、そのそばで涙を流していた。その修道女の一人は後にこう語っている。

何人かの子どもは必死に修道女にしがみついていました。それは恐ろしいことでした。彼らは何が起こったのかを感じました。特に少女たちにとっては恐怖でした。彼らは直感的に何か悪いことが起こっていると気づいていました。彼女らは泣き叫んでいました。ヘルパーと医師たちも泣いていました。心が張り裂けそうでした。[11]

ナチス当局者は、殺害された子どもの親たちは、子どもの移送に同意していたと強く主張するが、実際には納得のいく説明に基づく親の同意はほとんど得られていなかった。親たちがわが子の死を知らせる公式の手紙を受け取ったとき、多くの親は子どもたちの死は故意に引き起こされたと病院を非難した。死亡通知は形式的な文書で、典型的には次のようなものである。

すでにお知らせしましたように、あなた方の娘さんは、大臣の命令によって私たちの施設に移送されてきました。娘さんがこの施設で亡くなったことを知らせるのは、私たちにとっても心苦しい限りです。残念ながら、あなたの娘さんは肺の膿瘍を伴うインフルエンザに罹り、医療スタッフによる懸命な救命措置も報われませんでした。私たちはあなたが娘さんを失ったことに対して、心からの弔意を表します。

アウシュヴィッツの外で椅子に座る障害のある少年（出所：国立アウシュヴィッツ・ビルケナウ博物館）

表1 子どもたちの殺害病棟[10)]

施　設	主治医
アンスバッハ (Ansbach)	アイリーン・アザム・ブルックミュラー博士 (Dr. Irene Asam-Bruckmüller)
ベルリン (Berlin)	エァンスト・ウェンツェル博士 (Dr. Ernst Wentzel)
ブランデンブルク=ゲルデン (Brandenburg-Görden)	ハンス・ハインツェ博士 (Dr. Hans Heinze)
エグルフィング=ハール (ミュンヘン) (Eglfing-Haar, Munich)	ヘァマン・プファンミュラー博士 (Dr. Hermann Pfannmüller)
アイヒベルク (Eichberg)	フリードリッヒ・メンネッケ博士 (Dr. Friedrich Mennecke) ヴァルター・オイゲン・シュミット博士 (Dr. Walter Eugen Schmidt)
ハンブルク=ランゲンホルン (Hamburg-Langenhorn)	フリードリッヒ・クニッゲ博士 (Dr. Friedrich Knigge)
ハンブルク=ローテンブルクスオルト (Hamburg-Rothenburgsort)	ウィルヘルム・バイエル博士 (Dr. Wilhelm Bayer)
カルメンホーフ (Kalmenhof)	ウィルヘルム・グロースマン博士 (Dr. Wilhelm Grossmann) マティルデ・ウェーバー博士 (Dr. Mathilde Weber) ヘァマン・ヴェッセ博士 (Dr. Hermann Wesse)
カウフボイレン(ババリア) (Kaufbeuren, Bavaria)	ヴァレンティン・ファルトハウザー博士 (Dr. Valentin Faltlhauser)
ライプツィヒ大学小児病院 (Leipzig, University Children's Clinic)	ヴェァナ・カーテル博士 (Dr. Werner Catel)
ライプツィヒ=デーゼン (Leipzig-Dösen)	ミットターク博士 (Dr. Mittag)
リューネブルク (Lüneburg)	バウメルト博士 (Dr. Baumert)
ミゼリッツ=オブラヴァルデ (ポメラニア) (Meseritz-Obrawalde, Pomerania)	ヒルデ・ウェルニッケ博士 (Dr. Hilde Wernicke)
ザクセンベルク (Sachsenberg)	アルフレッド・レウ博士 (Dr. Alfred Leu)

施　設	主治医
シュタットローダ (Stadtroda)	ゲアハルト・クロース博士 (Dr. Gerhard Kloos)
シュトットガルト市立小児病院 (Stuttgart Municipal Children's Clinic)	ミュラー・ブルックミュラー博士 (Dr. Müller-Bruckmüller)
ウヒトシュプリンゲ (Uchtspringe)	ヒルデガード・ヴェッセ博士 (Dr. Hildegard Wesse)
ウィーン：アム・シュピーゲルグルント (Wien, Am Spiegelgrund)	エァヴィン・イェケリウス博士 (Dr. Erwin Jekelius) エァンスト・イリング博士 (Dr. Ernst Illing)
ヴァルトニール (Waldniel)	ゲオーク・レノ博士 (Dr. Georg Renno) ヘァマン・ヴェッセ博士 (Dr. Hermann Wesse)
ヴィースロッホ (Wiesloch)	ヨーゼフ・アルトゥール・シュレック博士 (Dr. Josef Artur Schreck)

あなたの娘さんの死は、恐ろしい不治の苦しみから解放されたと考えることで慰めを得ることでしょう。

警察からの指示により、私たちはすぐに遺体を火葬しなければなりませんでした。これは伝染病の拡大から国を守るためです。伝染病は戦時下では相当な脅威であり、この規則は厳密に遵守しなければなりません。もし、あなたが骨壺を送ってほしいと望まれるなら、―料金なしで―、どうぞ私たちに連絡した上で、墓地当局の同意書を送ってください。もし二週間以内にあなたからの返事がいただけないときは、私たちは骨壺を埋葬する手はずを整えます。当局に提示するための死亡証明書の写しを同封しましたので、ご確認の上、どうか安全な場所に保管してください。

ヒトラー万歳[12)]

こうした手紙にはナチスの医師たちの署名があっ

た。医師たちは身元が確認されないように、あるいは将来に深く悲しんでいる親たちと接触することがないように偽名を使った。

「お悔やみ状」を受け取った後、苦悩した親たちは、わが子の死の真相を明らかにするために施設を訪ねた。しかし、彼らは決まって黒いコートを着た親衛隊の男たちに追い返された。男たちは親たちに二度とここに来ないように、そして、これ以上の調査を行わないように警告した。悲しみに打ちひしがれた何人かの親たちが法廷に訴えたが無駄であった。一方、別の親たちは世論の怒りと関心を引き出そうとして、地方紙に死亡記事を掲載することにした。そうした広告の一つを以下に示す。

　火葬が行われた後になって、私たちはグラフェネックから、最愛の息子であり兄弟であるオスカー・リードの突然の訃報を受け取りました。骨壺の到着後に○○墓地において密やかに埋葬を執り行います。

別の広告は次の通りである。

　半信半疑のままで不安な数週間を過ごした後、私たちは9月18日に恐ろしい便りを受けとりました。それは、最愛のマルラーネが9月15日にピルナ〔Pirnaは、ドイツ東部、ドレスデン近郊の町〕でインフルエンザに罹って死亡したという知らせでした。骨壺を受け取った今、埋葬は故郷の地で密やかに執り行われます。

親たちは、わが子の死について公にしないようナチス当局から警告されていたために、深く悲しむ親たちが、このような公的な行動をとるには大きな勇気が必要だった。

ヒトラーは、ドイツ国民が「奇形児」の「慈悲の死」を支持していると主張したが、子どもたちの殺害計画は最初から秘密裏に行われていた。計画に関与したすべての人たち、つまり看護師や助産師から化学者、医師に至るまでの人たちは、忠誠宣誓書に署名し、決して殺害について誰にも話さないと誓うように求められた。この計画について話した人たちは、ゲシュタポに報告され、投獄あるいは処刑された。ブランデンブルグ、ベルンブルク、グラフェネック、ハダマー、ハートハイムにあったＴ４安楽死施設を監督していた前シュトゥットガルト警察のクリスチャン・ヴィルト（Christian Wirth）は、ハートハイムのＴ４職員たちに計画に関する「規則」を説明した。

> 同志諸君、今日ここにあなたたちを集めたのは、この城［ハートハイム城］の現在の立ち位置とこれから何が起きるかについて知らせるためである。私は帝国総統によって、今後、この城を運営する仕事を仰せつかった。上司として、私はすべての責任を負っている。私たちはオーストリアから来る精神病患者たちを焼却するために、ここに焼却場を作らなくてはならない。（中略）
>
> 　精神病患者はドイツにとって負担であり、私たちは健康な人々だけを必要としている。精神病患者は国家にとって負担である。ある者たちは焼却場で働くために選ばれるだろう。何をおいても、ここでのモットー

は「沈黙するか、死刑に処されるか」である。沈黙を守れなかった者は、誰であっても強制収容所にたどり着くか、撃たれることになるだろう。[13]

死の医師たち

子ども病棟で起こった殺人の多くは、若いドイツ人医師たちによって実行された。彼らは、若い患者たちを殺すためにルミナールやモルヒネを使った。投薬は、いつもは錠剤の形で子どもたちに与えられたが、もし子どもが錠剤を飲み込めない、あるいは飲み込まない場合には、その薬物の致死量を直接心臓に注射された。ナチス政権は空虚な言い訳や婉曲表現を好んで使ったが、子どもたちの「慈悲の死」は、速くもなければ、痛みのないものでもなかった。多くの子どもたちが、死に至る前に、肺炎や身体が衰弱する他の病気のひどい症状で苦しんだ。

また、いくつかの子ども病棟は「飢餓の家」あるいは「餓死のテント」〔5〕と呼ばれる施設をもっていた。そこでは、障害のある赤ん坊や子どもたちが、ゆっくりと苦しみながら死んでいった。そうした餓死のテントの一つがエグルフィング＝ハールにあった。そこはヘァマン・プファンミュラー博士（Dr. Herman Pfannmüller）によって率いられていた。同僚たちから「冷酷」「気難しい」「狂気じみている」と評されたプファンミュラーは、エグルフィング＝ハールの所長に任命される前に、さまざまな州立の施設に勤めていた。彼は献身的なナチスのメンバーであり、幼い犠牲者たちを「人間の殻」と表現し、後に、親たちから「奇形のある」子どもたちを殺してくれたことへの感謝の手紙を受け取ったと主張した。[14]

プファンミュラーは、彼の患者たちの生物学的な「欠陥」について大衆を「教育」し、即刻絶滅させる必要性を説明するために、所長として施設見学を実施した。1946年、かつてドイツ人捕虜であったルートヴィヒ・レーナ（Ludwig Lehner）〔6〕は、プファンミュラーの施設見学で、彼が経験したことを証言している。「施設見学の間に私は次のような出来事を目撃しました（中略）」とレーナは回想し、続けて次のように語った。

二、三の病棟を見学した後、施設の責任者（プファンミュラー）が、私たちを子ども病棟に案内しました。（中略）そこには15～25台のベビーベッドがあり、その数の子どもたちが寝ていました。年齢はだいたい1歳から5歳くらいの子どもたちでした。この病棟で、プファンミュラーは、彼の考えを詳細に説明してくれました。私は彼のスピーチの意味をかなり正確に覚えています。なぜなら、それは、皮肉やぎこちなさによって、驚くほど率直であったからです。

「国民社会主義者としての私にしてみれば、これらの生きものたち（障害のある子どもたち）は、私たちの健全な国土にとって重荷でしかないことは明白です。私たちは毒や注射薬などでは殺しはしません。なぜならそれはただ外国の報道機関に新しい中傷キャンペーンの材料を提供するだけだからです。（中略）そうではなく、私たちの方法は、ご存知のように、より簡単で、はるかに自然です」

彼（プファンミュラー）はこう話すと、彼と病棟の看護師はベビーベッドから一人の子どもを引っ張り出しました。子どもをまるで死んだ兎のように見せ、彼は鑑定家のように、にやにやと笑いながら尊大な態度で、「例えば、これなら、まだ二、三日はかかるでしょう」と言いました。

私は、今でもはっきりとその光景を思い描くことができます。この太った男が、にやにやと笑いながら、肉付きのよい手にすすり泣く骸骨を持ち、その周りには今にも餓死しそうな子どもたちがいる光景を。(中略)そして、その殺人犯は指摘しました。「彼らから食物を急に奪ったのではありません。その代わり、ゆっくりと食糧を減らしていくのです」と。[15)]

プファンミュラーは、米国の軍事裁判の前にこの告発に反論しているが、後悔や悔恨の言葉はなかった。「彼(レーナ)は、私が痩せ細った子どもを私の太った手でベッドから引っ張り出したと言っているが、私は生涯で太った手をもったことはありません。それに、私はこのようなことでは決して笑いません。私は決して笑いなどしません」[16)]
元軍事裁判官もプファンミュラー博士との経験を回想している。プファンミュラーは、人種衛生学の講義で、病気の赤ん坊をもつ女性来訪を受けたときのことを話した。彼はその子どもを殺すために屋外に放置したことを自慢していたと報告されている。プファンミュラーは後に検察官に何を行ったかを話したが、「それで、あなたはどうするつもりですか?」と言って挑発した。検察官は彼が殺人罪で起訴されることになるだろうと告げたが、プファンミュラーはきっぱりと答えた。「検察官様、あなたがそれをする前に、あなたはダッハウ殺戮センターに入ることになるだろう」[17)]
1940年11月から1945年5月までの間に、少なくとも332人の障害のある赤ん坊と子どもたちが、ヘァマン・プファンミュラー博士に「保護」されている間にエグルフィング＝ハールで殺害された。

しかし、プファンミュラーのようなナチスの医師たちが幼い子どもの患者たちを殺害するには、その前提として、ドイツの多くの専門家と一般市民の協力が不可欠であったが、専門家と一般市民は協働したのである。殺害のプロセスが始まると、すべての「病気」の子どもたちは識別され、死のためのマークを付けられ、そして家庭や収容施設から殺害病棟の一つに移送された。子どもがすでに施設に収容されている場合は、地域の保健所が親の同意なしに移送を命令することができたので移送は容易であった。

しかし、帝国委員会に報告された子どもたちの多くは、まだ家に住んでいたため、移送に同意するよう親を説得しなければならなかった。多くの場合、このことは問題とならなかった。なぜなら、保健当局は親たちに移送の本当の理由を隠して、彼らに子どもたちが病棟でもっと良い治療を受けられるとか、おそらく「治る」だろうとか話して、納得させた。しかし、何人かの親たちは、おそらく病棟の本当の目的についてのうわさを聞いた後になってからではあるが、最悪の事態を恐れて、子どもたちを手放すことを拒否した。[18]

1941年9月20日、帝国内務省（RMDI）は、連邦政府とプロイセン州の保健当局に非協力的な親から出される異議に反論しやすくするための通達を出した。帝国内務省の委員会は、保健当局に対して、障害のある子どもを施設に入所させることで、「健康な」子どもたちを世話するための時間が確保されると、親たちに説明するよう指示している。また、その通達では、説得の試みがすべて失敗した場合には、脅迫してもよいと指示していた。そのような場合には、帝国委員会がこのケースについて「調査しなければならないかも知れない」と親に伝えることになっていた。その結果、親権を剥奪することができた。こうした脅迫は、通常は有効に機能し、たいていの親が最終的にナチスの医師にわが子を委ねた。[19]

帝国委員会は、子どもたちが病棟に移送された後、可及的速やかに殺害するように担当医師に命じるか、あるいは医師が数日間、その子どもを観察してから状況報告書を提出することを求めた。もし否定的な状況報告書が出された場合には、帝国委員会は医師に子どもを殺害するよう命じた。この殺害命令は子どもを「治療する承認」と密かに呼ばれていた。[20]

子どもたちを殺害した医師たちは、彼らの「割り当て」を達成すると、ボーナスとして報酬を得ていた。また、彼らは豊富な研究助成金と大学での地位を与えられ、概してナチス政権の中で大きな威信を享受した。子どもたちを殺したのは主に若い医師たちだったが、彼らは、より権威のある医師たちによって鍛えられ、支援を受けていた。例えば、大いなる尊敬を集めていたブレスラウ大学〔7〕精神科教授のヴェァナ・ヴィリンガー博士（Dr. Werner Vllinger）やナチスの医師を率いていたハンス・ハインツェ博士（Dr. Hans Heinze）のような人たちである。

子どもたちの社会的・心理的な問題に関する研究でドイツ国中に知られていたヴィリンガー博士は、若い医師たちに「精神が病んでいる」子どもたちを殺すことは何も悪くないのだと納得させた。同じように、ブランデンブルク＝ゲルデンでドイツ人精神科医であり上級鑑定人としてもよく知られるハインツェ博士は、ナチス政権の中でキャリアを積むことを熱望していた多くの若い医師たちの「指導役」を務めた。[21]

多くの場合、殺害に関わった若い医師たちは、小児医学の正式な訓練をわずかしか、あるいはまったく受けておらず、彼らは子どもたちの「ケア」について何も知らなかった。それにもかかわらず、彼らは犠牲者の選択および「治療」に対するほとんど完全な権限をもっていた。そして、地方の施設から子どもたちが十分に送られてこなかった時には不平を述べた。そうした場合に、より野心的な医師たちの何人かは、地方を車で巡り、より小さな病院や診療所に行って、虚弱そうな赤ん坊や軽度の知的障害がある子どもたちを手当たり次第に選び出し、殺害病棟に移送した。

オーストリア、ヴァルダナ（Valduna）にある施設のレオナルト・グラスナ博士（Dr. Leonard Glassner）は、この方法を婉曲的に「路上での収集」と呼んでいた。これらの若い医師たちは、幼少期における精神疾患の診断がまったく当てにならないにもかかわらず、機械的に何百人もの子どもたちをお決まりの方法で殺戮したのである。

殺害病棟周辺の多くの住民たちは、そこに送られていった子どもたちに何が起こっていたかを知っていた。ハダマーの殺害施設が開設された半年後、地元の子どもたちが毎日のように叫び声を上げて、からかいあった。「おまえは狂っている！　おまえはハダマーのオーブンで焼かれるために送られるのさ！」と。また、カルメンホーフ＝イドシュタインにいた看護師は、後に、彼女の病棟にいた幼い子どもたちについて証言している。

誰もがそのことについて話していました。子どもたちさえもその話をしていました。彼らは皆、病院に行くことを恐れていました。彼らは子どもたちが戻って来ないであろうことを恐れていました。それは漠然としたうわさでした。子どもたちは棺桶ゲームをして遊んでいました。私たちは子どもたちが理解していることに驚かされました。[22]

ナチス政権は、その殺害計画をドイツの子どもたちだけに限定しなかった。ドイツ国外で最も大きな殺害施設の一つは、オーストリアのシュタインホーフ病院にあるアム・シュピーゲルグルント小児棟で[8]、この病院の戦時中のスタッフの多くは、ナチスの党員だった。後に病院の地下保管室で見つかった記録には、そこで殺された様々な子どもたちの犠牲者が記されていた。口唇裂、軽微な吃音、軽度の奇形のある子どもたちは、日常的に選び出され、飢餓や致死薬注射によって殺害された。一方で多くの乳児たちは、ただ屋外に放置されることで凍死させられた。

また、医師たちは、殺害計画に関与することで利益を享受した。子どもたちにいわゆる科学的な実験を行うことによって、自身の研究課題を推進させることができた。脳性麻痺、ダウン症、他の神経学的な病気の子どもたちは、こうした実験の重要な被験者であった。時には、子どもたち

ハダマーにある子どもたちの墓地（出所：アメリカ合衆国ホロコースト祈念博物館）

の血液や骨髄が、まだ生きているうちに抜き取られ、彼らの脳の鮮明なレントゲン写真を撮るために、空気と入れ替えられた。そして、何千人もの数え切れない精神や身体に障害のある子どもたちは、薬、砂糖、他の化学物質を注射され、こうした薬品が子どもたちの臓器に与える影響についてテストされた。豊富な研究補助金が、この種の「科学的研究」に従事した医師たちに与えられた。[23)]

また、ナチスの医師たちは、子どもたちの臓器を研究実験室、大学、有名企業に売ることで利益を得ていた。子どもたちの殺害計画の最初の企画人の一人であるハインツェ博士は、殺害する前に、多くの子どもたちに恐ろしい実験を行っていた。実験が完了した後、子どもたちは「消毒された」（殺された）。そして、彼らの臓器は取り出され、大学の研究センターに売られた。

著名なドイツ人神経病理学者であるユリウス・ハラーフォーデン（Julius Hallervorden）博士は、子どもたちの脳を収集し、その「素晴らしい資料」をしばしば自慢していた。それは、病棟で殺された「精神欠陥者」から得たものだった。彼の脳コレクションは、１９９０年まで使われ、それから、それらの標本はミュンヘンの墓地に埋葬された。言うまでもなく、これらの実験について、殺された子どもたちの親からの同意はまったく得られていなかった。そして、ほとんどの親はわが子の死の真相を知らされていなかった。

戦後、ナチス政権による障害のある子どもたちの大虐殺には、沈黙と否定の陰謀がついて回っていた。ヘァマン・プファンミュラーのように、何人かの医師が最終的に裁判にかけられたが、殺害に関わった何百という一般の医師たちは裁判から逃れて、まるで異常なことは何一つ起こらなかったかのように、それぞれの地位で働き続けた。後に殺害における自身の役割について向き合ったとき、ほとんどの医師が自分は何も悪いことをしていないと強く主張した。近年、ある研究者は「障害のある子どもたちと精神病患者を排除することは、彼らの存在に対する恐怖反応というよりも、遺伝子の奇形は国家の負担となるという信念の文化がもたらした結果だった」と説明している。[24]

【訳注】

〔1〕「白痴」は、今日では使用されない用語であるが歴史の記述として原語に従っている。

〔2〕5000人×2000ライヒスマルクを計算すると1000万ライヒスマルクとなる。モレル博士による計算間違いと考えられるが、翻訳は原著通りとした。

〔3〕同委員会の名称について、ヒュー・ギャラファー（長瀬修訳、49ページ他）「帝国重度遺伝病科学研究委員会」、エルンスト・クレー（松下正明訳、94ページ他）「遺伝的素質的重篤疾患の学問的把握のための帝国委員会」とそれぞれ訳語が当てられている。

〔4〕「鑑定人」のこと。その3人とは、ヴェァナ・カーテル、ハンス・ハインツェ、エァンスト・ヴェンツラー（Ernst Wentzler）。

〔5〕原書では、starving pavilionsとあり、「餓死のテント」と訳した。屋根付きの壁のない建物か、野戦病院の簡易テントのような作りではなかったかと推測して「テント」としている。ベラルーシにおけるソビエト兵の捕虜収容所に関する以下の記述に、pavilionsの表記がある。Belorussia only pavilions (structures with roofs but no walls) were available to house Soviet POWs. (The Treatment of Soviet POWs：Starvation, Disease, and Shootings, June 1941–January 1942, Holocaust Encyclopedia, https://www.ushmm.org/wlc/en/article.php?ModuleId=10007183)

〔6〕ルートヴィヒ・レーナは、心理学者、ソーシャルワーカーであった。ギャラファー（長瀬修訳）、132〜133ページ。

〔7〕ブレスラウ大学は、現在のポーランド西部にあるヴロツワフ大学のことである。

〔8〕原著ではthe Steinhof children's wing at the Am Spiegelgrund state hospital in Austria.（オーストリアにあるアム・シュピーゲルグルント州立病院のシュタインホーフ小児棟）と表記されている。

第2章 T4安楽死計画

FORGOTTEN CRIMES

国家有機体は、（中略）自己完結型の組織として、全体の福祉のために独自の法律や権利をもっている。それは、私たちのような医師が、価値のない、有害になった部分や断片を取り除き、捨てるものだと認識しているのと同じことだ。

アルフレート・ホッへ（Alfred Hoche, 1865-1943）、ドイツの精神科医

1939年の夏のある日、アドルフ・ヒトラーは、帝国保健担当幹部であるレオナルド・コンティ、ナチス幹部のマーティン・ボァマン、帝国官房長官のハンス・ハインリヒ・ラマース（Hans Heinrich Lammers）に会った。子どもの殺害計画の成功によって勢いづいたヒトラーは、ドイツの障害のある成人のすべてを殺害するために、「安楽死」計画を確立するよう彼らに命じた。[1] ラマースは、のちに、ヒトラーが「重度の精神病患者の価値のない命を除去することは権利の一つである」と発言していたと、裁判で証言した。ラマースによれば、ヒトラーは、「このような生き物は、価値のない命であり、その生存を終焉させなければならないと考え、その終焉は病院や医師、看護職員の一定の節約につながる」[2] と語ったという。

ヒトラーは、当初、成人の安楽死計画の監督をコンティに命じたが、すぐにナチス総統官房長のフィリップ・ブーラとヴィクター・ブラック（Victor Brack）〔1〕に取って代わられた。二人はすでに子どもの殺害計画に深く関わっていた。この変更は公式になされ、計画に参加する他のナチスの医師の権限を拡大するために、ヒトラーは、1939年10月に秘密の命令書を出し、1939年9月1日にさかのぼって、安楽死計画

を必須の戦時措置であるかのようにした。

その命令書は次のとおりである。

帝国指導者のブーラとブラント博士には、特定の医師の権限を拡大する責任を委託する。それは、慎重に病状を審査した後に、不治の病とみなされる病人に対して、慈悲の死が与えられるように取りはからうことである。[3)]

この秘密の命令書は、法律で公式に義務づけられたものはなく、つまり、官報により公表されたものでないが、ナチス政権のT４安楽死計画の基礎となり、ドイツ人の成人障害者、少なくとも27万５０００人が残忍かつ組織的に殺戮された。[4)]

任務を受けて、ブーラとブラックは、帝国内務省のへァベァト・リンデン（Herbert Linden）博士と会見した。彼らは、殺害の実施を助けてくれる医師や病院職員を募集するという重要な任務を開始した。１９４０年7月の終わり近くに開催された会議で、これらの専門家は安楽死計画の真の目的について知らされた。ブーラは今後、予想される戦時犠

ヴィクター・ブラック
（出所：アメリカ合衆国ホロコースト祈念博物館、ヘッドヴィッヒ・ヴァヘンハイマー・エプシュテインの提供による）

牲者のためのスペースを確保するために、ドイツの精神病患者の一部を殺害することが必要であると説明した。また、ブーラは、殺害に参加した誰もが殺害によって起訴されないことを保証した。職務多忙を理由に断ったド・クリニスは別にして、すべての医師は参加に同意した。その後、医師たちは彼らの施設に戻り、彼らの職員に対して、共犯者の募集を進んで開始した。[5)]

その間、ブーラ、コンティ、ブラックは、殺害施設に改装できる病院をすぐに探し始めた。その目的を実現するために、リンデンとブラックは、国内伝道サマリア人協会の肢体障害者施設があるグラフェネック城に向かった。それは、シュヴァーベン・アルプ［ドイツ南西部にある低山地］の高台にある古いルネサンス様式の城である。施設を参観した後、リンデンとブラックは、グラフェネック城が殺害施設として理想的な場所であることで意見の一致をみた。

数日もしないうちに、親衛隊が、施設を人間の絶滅施設へと改築し始めた。親衛隊は夜を徹して事務室と高い鉄柵フェンスを設置し、「疫病」や感染症の危険性があるため、病院に近寄らないように地域住民に対して警告する掲示板を立てた。ガス室と焼却炉は、城から数百ヤード［1ヤード＝0.91メートル］離れた場所に建設された。[6)]

同時に、ベルリンの当局者は、殺害計画の前線組織としての役割を担う秘密の官僚機構を作り出すことに忙しかった。そのような機構の一つには、公益患者輸送有限会社（Community Patients' Transport Service Ltd.）も含まれ、その会社は精神病患者を収容施設から絶滅収容所に移送する役割を担った。また、帝国精神病院事業団（ＲＡＧ）は被害者の登録および死亡証明書の改ざんをする官僚組織監督を担当した。さらに、公益施設基金（Community Foundation for Care of Abylums）は、毒ガスを取得し、殺害を実行する職員を雇用した。

このような秘密の官僚機構の出現と同時に、殺害の対象となる障害者の詳細な選抜方法の起案が行われた。１９３９年９月、帝国委員会は、１９３９年10月15日までに、各地方自治体に対して、「精神病患者、てんかん患者、精神薄弱者」がいるすべての収容施設を完全にリストアップして提出するように通達を発した。

各収容施設は二つの申告書を受け取った。一つは、施設そのものに関する情報を求めるものであり、もう一つは、患者の氏名、生年月日、人種、市民権などの患者に関する情報を求めるものであった。また、この申告書は、患者の身寄り、親族の氏名、その親族が定期的に患者を訪問するかどうかの有無、費用負担者の氏名と住所を尋ねるものであった。さらに、施設側は、患者が双子であるか否か、精神病または精神薄弱の血縁者がいたかどうかも情報提供を求められた。[7)]

これらの申告書には、以下のような障害について報告するよう指示が添付されていた。

フィリップ・ブーラ。安楽死計画の2人の指導者のうちの1人
（出所：アメリカ合衆国ホロコースト祈念博物館、Geoffrey Gilesの提供による）

・5年以上にわたって収容されている患者
・5年以上収容する患者で、施設内作業が不可能であるか、日常業務しか行うことができない場合では、次のような疾患のある患者
・統合失調症
・てんかん
・老人性疾患
・治療抵抗性の進行麻痺および他の梅毒症
・脳炎
・ハンチントン舞踏病、他の末期神経疾患
・あらゆる種類の精神薄弱者
・犯罪歴のある精神疾患者
・ドイツ国籍をもたない患者
・ドイツ人または関連する血統でない患者[8)]

これらの申告書で提供される情報に基づいて、T4に関わる下級の「医療専門家」審査員団が、どの患者が生きるべきか、死ぬべきかの勧告を行った。その勧告は最終的な決定権限をもつ3人の上級「鑑定家」

によって再検討される。

死が選択された患者の氏名は、直ちにベルリンのＴ４作戦中央本部に送付され、患者の移送準備への具体的な指示とともに、輸送者リストが地元施設の職員に送付された。例えば、殺害が決定されたすべての患者は、氏名が記されたテープ片が彼らの背中に貼られ、すべての医療記録や個人の財産は、彼らとともに移送された。また、当局は、激しく動揺した患者には鎮静剤を投与する権限を与えられ、トラブルを引き起こし、抵抗する患者に対しては暴力を加えてもよいと伝えられた[9)]。

ほとんどの場合、殺害施設への患者移送は、患者の親族や保護者に知らせず、同意を得ずに行われた。多くの場合、愛する人が殺害された後になってはじめて、移送に関する情報が親族に伝えられた。親族が患者の引き渡し先の施設にやっとの思いで接触してきたとき、提供された情報は一片の書簡であり、その書簡には、帝国国防委員会（the Reich Defense Commissioner）の命令により、「患者は別の施設に移送されました。（中略）受け入れ施設が、まもなくあなたに連絡をするでしょう。それまで通知を待ち、今後、問い合わせを控えるようにしてく

ティアガーテン通り４番地の屋敷。ここに安楽死計画の作戦中央本部が置かれ、「Ｔ４」作戦の名称が付けられた。（出所：アメリカ合衆国ホロコースト祈念博物館、ベルリン公文書館の提供による）

ださい」と書かれていた。

ヘンリー・フリードランダー（Henry Friedlander）［本書では、ドイツ系アメリカ人の歴史家である彼の文献がたびたび引用されている］によれば、「数週間後、親族は愛する人が新しい施設に到着したことを知らされたが、訪問は厳しく禁じられていた。親族には、さらに詳しい質問を控えるように求められた。最初の書簡を受け取ってから約２か月後、最終的な書簡が親族に送られてきた。その書簡は、愛する人がすでに死亡し、亡きがらは感染の危険があるため『地方の保健規則』に従って、すでに焼却されたというものであった[10]」という。

殺害施設

公式の最初の４つの安楽死施設は、ブランデンブルク、グラフェネック、ハートハイム、ゾンネンシュタインであった。５番目と６番目の施設は、ベルンブルクとハダマーであった。１９４０年から１９４１年の間に、少なくとも10万人の障害のある人たちが、これらの施設で殺戮された。

グラフェネック

障害者を殺害するための最初の「安楽死」施設は、１９４０年１月から12月にかけて運営されたグラフェネックだった。グラフェネックに到着すると、患者は服を脱ぐように言われ、１分間の身体検査を受けた後、壁がモルタルで封印された小屋に連れて行かれた。一部の患者が激しく興奮したため、Ｔ４当局者は小屋でシャワーを浴びるだけであると話して、落ち着かせようとした。すべての患者が小屋に入ると、ドアが施錠され、有毒ガスが注入された。すべての患者は5分以内に意識を失い、5分後には死亡した。

小屋から空気を排出させた後、作業員は遺体を取り除き、焼却炉に送り込んだ。ミュンジンゲル（Munsinger）の町は安楽死施設からわずか3マイル〔5キロメートル〕しか離れていなかったので、地元の人々が輸送バスに接するのにそれほど時間がかからなかった。数千人の患者が到着した後、再び彼らを見かけることはなく、町は暗い煙が立ちこめ、肉を燃やす臭いに包まれた。グラフェネックの殺害施設はヴュルテンベルクに近いこともあり、1940年7月に、ヴュルテンベルク州ルター派教会の教区監督であるヴォアン（Wurm）は、帝国内務大臣ヴィルヘルム・フリック（Wilhelm Frick）につぎのような手紙を送った。

> この数か月にわたり、精神障害者、精神薄弱者、てんかん患者が、帝国国防委員会の命令に基づいて移送されました。そして、親族は、数週間後、患者が病気で亡くなり、感染の危険があるため、亡きがらを焼却しなければならなかったと知らされたのです。ヴュルテンベルク州の収容施設から来た数百人の患者は、大戦の被害者として、このようにして死に至ったに違いありません。このような行為、特に、そこから生れる欺瞞は、すでに激しく批判されています。公表されている死亡原因はでたらめであることを誰もが確信しています。
>
> あげくの果てに、患者の生命を守るためのあらゆる努力が無駄であったという遺憾の意が、死亡通知書に表明されていますが、それは嘲笑にすぎないと感じられます。この不可解さは、正義に反し、政府

が守ることができない何かが起きているという考えを浮かばせます。消滅する運命にある患者を選択する際に、何らの注意も払われていません。この選択は精神病患者に限らず、働く力のある人、特にてんかん患者も含まれていました。[11]

ヴァアン司教は続けた。「若者たちが、国家にとって人間の生命が、もはや神聖なものではないと理解したなら、若者たちはどのような結論を引き出すのでしょうか？　いったん退廃が始まると、止まることはありません。神は神をあざける者を許しません。国民社会主義国家は、神が定めた境界線を認識するのか、それとも道徳的退廃を進め、その退廃とともに国家の状態を悪化させるのかを認識しなければなりません」[12]

内務大臣のフリックは手紙に応答しなかったので、ヴァアン司教は1940年9月5日、再び彼につぎのような手紙を書いた。

親愛なる帝国大臣殿

7月19日に、私は貴殿に精神病患者、精神薄弱者、てんかん患者の組織的な根絶に関する手紙を送りました。それ以来、この処置は驚異的な割合に達しています。最近では老人施設の入居者も含まれています。この処置の基礎にあるものは、効率的な国家にとって、弱々しく虚弱な人々のための居場所がまったくないというものです。

私たちが受け取っている多くの報告によると、命令に基づく処置に対して、国民の感情がとても傷ついており、命令に対する不安感が広がっていること、加えて国家および国家の利害の観点からも残念な事態が広がっていることが、明らかです。[13]

内務大臣のフリックは、これらの手紙を親衛隊全国指導者であり、全ドイツ警察長官のハインリヒ・ヒムラー（Heinrich Himmler）に転送したに違いない。ヒムラーは12月初めに以下のメモをヴィクター・ブラックに宛てた。

親愛なるブラック殿

グラフェネックの施設があるシュヴァーベン・アルプには大きな動揺が生じていると聞いています。住民は親衛隊の灰色のバスを知り、絶えず煙のあがる焼却炉で何が起きているのかを知っていると考えています。何が起こっているのかは秘密ですが、もはや秘密ではありません。したがって、私は最悪の感情がそこで起きていると推測します。

私見によれば、唯一残された方法は、この場所の施設使用を中止した上で、この地域で遺伝的疾患と精神的疾患を主題とした映画〔2〕を見せるという巧みで賢明な方法によって、いかなる場合においても情報を広めることです。この難しい問題をどのように解決されるのか、その報告を求めることができますか？[14]

ヒムラーがこの手紙を書いた直後、グラフェネックでは殺害施設としての活動を中止した。だが、数万人の障害のある人たちが、ガス室ですでに殺戮されていた。

ブランデンブルク

グラフェネックと同じように、ブランデンブルクＴ４殺害施設は１９４０年1月に設立された。その最初の監督者は、Ｔ４監察部門（T4's Inspector's Office）の部門長であったアドルフ・グスタフ・カウフマン（Adolf Gustav Kaufman）であった。彼は人間の屠殺場を作るために、最初の作業を監督した。改築工事が完了した後、カウフマンは安楽死施設をブランデンブルクの医師を務めたイァムフリート・エーベァル（Irmfried Eberl）に引き継いだ。ヘンリー・フリードランダーは次のように説明している。

「ブランデンブルクの殺害施設は実際には一階建てで、（患者が診察を）受けるための部屋が数多くあった」「ブランデンブルクのガス室は、シャワー室に偽装されていた」ものの、シャワー・ヘッドがすぐに設置されなかったため、「患者には治療するために『吸入室』に入るように言った。シャワー・ヘッドが追加されたのは後日だった」。ガス室からたいして離れていない焼却炉には、「二つの可動式焼却炉が建物の煙突に取り付けられていた。しかし、煙突はこの焼却炉には低すぎたため、火炎がしばしば煙突から逃げ」、悪臭を放つ雲が町を覆っていた。「１９４０年7月頃、これらの問題に対処するために、焼却炉が移動された。可動式焼却炉は町から約３マイル［5キロメートル］離れた家屋に設置され、死体は夜間に郵便輸送車で運ばれた。[15]」

カイザー・ヴィルヘルム人類学・人類遺伝学・優生学研究所のユリウス・ハラーフォーデン教授は、多くの死体が毎日ブランデンブルクで焼却されていることを知り、多くの「科学的な材料」が無駄になることを遺憾であるとした。ハラーフォーデン教授は、ブランデンブルクで死亡した患者から最終的に600以上の脳を集め、彼がどのように取り扱ったかを後日、以下のように証言している。

私は彼らが安楽死を進めていると聞きました。そこで、私は彼らに「いいか、諸君。彼らをすべて殺すつもりなら、少なくとも脳は実験材料として利用できるので取り出すべきだ」と言いました。彼らは私に「あなたは何人を実験に使用しますか」と尋ねたので、「限りなく、多いほどよい」と答えました。彼らは彼らに固定剤、瓶、箱、脳の除去と固定についての指示を与えた。そして、家具会社の運搬車で脳を運ばせました。公益患者輸送有限会社は、一度に150～250個の脳を運んできました。（中略）精神的欠陥者の美しい脳、奇形や早期の小児病を患った脳の中には、素晴らしい材料がありました。もちろん、私はそれらの脳を受け取りました。ただ、脳がどこから来て、脳がどのようにして私の手元に送られたのか、私の関知するところではありませんでした。

ハートハイム

ハートハイム城は、第三の殺害施設として建設された。それはオーストリアのアルコフェン村にあった。ハートハイム城は19世紀の建造物であり、1939年までは精神病院として使われ、ナチスによって接収され殺害施設に変えられた。施設の改築は1940年4月に完了し、その1か月後、最初の障害者が同施設に移され殺戮された。[16)]

フリードランダーによると、主要な「事務所と職員の部屋はハートハイム城の上層階にあり、殺害施設は1階を占めていた。（中略）西門の高いフェンスは外側にいる人たちの視界を遮り、中庭の内側のフェンスは到着した患者から焼却炉を隠していた。患者を受け入れ、検査、脱衣のためのさまざまな部屋が中庭に並んでいた。中庭の東側に位置するガス室は、シャワー室として装備され、最大150人が収容可能であった。[17]」

ハートハイムの職員が後に回想している。「一度に150人がガス殺されました。ガス室はとても満員だったので、その中の人々はほとんど倒れることなく、死体はひとかたまりになって詰まってしまい、死体を引き離すのに大変苦労しました。[18]」「罐焚《かまた》き」または「除染者」と呼ばれる職員によって、死体は室内から取り除かれた。これらの若いナチス労働者たちは、死体をガス室から「死体の部屋」に引きずり出し、そこで死体を積み重ね、焼却を待った。二つの焼却棟から排出された大量の煙は何マイルにも広がっていた可能性があり、肉を燃やす臭いが一帯を包み込んだ。夜になると、「罐焚き」は灰を片田舎に運

ハートハイム城（リンツ近郊）
（出所：アメリカ合衆国ホロコースト祈念博物館、アンドラス・ツガタキス（Andras Tsagatakis）の提供による）

び出し、ドナウ川に投棄した。[19]

ハートハイムのT４当局の司令官は、シュトゥットガルトの元警察官のクリスチャン・ヴィルトだった。ハートハイムで勤めた後、ヴィルトはベルツェック強制収容所（Belzec）の司令官となり、トレブリンカ（Treblinka）、ヘウムノ（Chelmno）、ソビボル（Sobibor）の強制収容所の監督官となった。ヴィルトはT４作戦に関わる最も残忍なナチス殺人犯のひとりだと仲間から評された。トレブリンカの司令官になる前にT４殺害計画に参加したフランツ・シュタンゲル（Franz Stangl）は、ヴィルトについて次のように語っている。

ヴィルトは粗野で血色のよい男でした。私は彼に会ったとき、気持ちが沈みました。彼は、当時、数日間ハートハイムに滞在し、しばしば戻ってきました。彼は戻ってきたとき、昼食時にいつも演説を行いました。彼はこの安楽死作戦の必要性について語ったときは、ひどく粗野な言葉を使い、人間らしい言葉を使うことも、科学的な概念を話すこともありませんでした。（中略）
彼は役立たずの穀つぶしを除去することを話しました。そして感傷的な人たちは、彼に「へど」をはいたのです。ヴィルトが嫌われていた様子は、彼のもとで働いた親衛隊軍曹のフランツ・ズッフォメル（Franz Suchomel）の証言に反映されています。

「トレブリンカとソビボルの強制収容所での私の活動から、ヴィルトの残虐性、卑劣さ、無慈悲さは、誰も凌駕できなかったことを覚えています。したがって私たちは彼を〝ひどいキリスト教徒〟〝野蛮なキリスト教徒〟と呼んでいました[20]」

トレブリンカで過ごしたシュタンゲルの証言には、ヴィルトの名前が再び登場する。

「正直に言いましょう。彼ら（犠牲者）は荷物だということに（中略）慣れてしまっていたのです。トレブリンカ収容所で「死の淵（Totenlager）」を最初に見た日が、すべての始まりだったと思います。私は、青黒い死体でいっぱいになった窪みの脇に立っていたヴィルトの姿を覚えています。そこには人間とは何の関係もない大量の腐った肉の塊がありました。そしてヴィルトは言いました、「俺たちはこのゴミをどうしようか」と[21]。

ハートハイムは、絶滅施設としての役割に加え、大量殺戮技術を完成させるための「科学的」実験場を提供した。ナチスの若い医師たちは、さまざまなガスの混合実験を行った。それは、最も致命的な組み合わせを見つけるためだった。これらの実験の間、ストップウォッチを持った医師は、ガス室の「覗き窓」を通して患者が死亡する様子を観察し、死の過程を10分の1秒単位で計測した。ベルリンにあるT4作戦中央本部の精神科医による研究のために、スローモーション映像も撮影された。多くの犠牲者の脳は解剖中に取り除かれ、最も高い入札者に販売された[22]。

ハートハイムで殺害された障害者総数の見積もりは困難である。しかし、1947年のダッハウ裁判では、ハートハイムのガス室で毎日300〜400人の「殺潰し《ごくつぶ》」が撲滅されたという証言がある。ヒトラーがT4作戦を公式に終了させる停止命令を出した後、ハートハイムは、ナチスの残虐行為の標的であるユダヤ人、シンティ・ロマ、その他の人々の絶滅収容所となった。[23]

ゾンネンシュタイン

1940年6月、ドレスデン近郊のプリナ（Prina）市にあるゾンネンシュタイン収容所に、第四のT4殺害施設が開設された。この施設は、6つのT4殺害施設のうちで唯一、病院全体が殺害施設となっておらず、機密保持が不可能な施設であった。患者がゾンネンシュタインに到着したとき、彼らは服を脱ぐよう

クリスチャン・ヴィルト。ベルツェック強制収容所の所長に就任する以前には、いくつかの殺害施設に勤めた。（出所：アメリカ合衆国ホロコースト祈念博物館、連邦公文書館の提供による）

に言われた。彼らは、その後、医師によって検査され、約75人ずつのグループでガス室に送られた。患者は死亡ののち、彼らの死体は焼却炉に送られた。この時点で、ナチスの当局者は、略奪をし、死体を切り裂き始めた。背中に黒い刻印が施された一部の死体は、解剖の対象となった。

このような解剖は、若い医師に専門的な訓練を提供することになり、T４職員が「科学的」研究のために大学や研究室に臓器を販売することを可能にした。高価な歯科治療を受けた患者には特別な印が付けられた。「罐焚き」は、しばしば犠牲者の口から金歯・金の詰め物を取り出し、ベルリンのT４作戦中央本部に送った。金はドイツ帝国によって収集されたが、T４当局者は、犠牲者の身体から奪われた金の価格に基づいて、ボーナスと預金を受け取った。[24)]

フリードランダーの説明によれば、死体の処分は殺人よりも技術的に困難であることが判明した。時には死体がとても高く積み上げられ、前日に殺害されたすべての患者を焼却するために、「罐焚き」は夜通し働かなければならなかった。作業量は非常に多く、死体が焼却される前に腐食し始めた。焼却後「罐焚き」は、焼却後の骨を粉砕するために製粉機を使用した。いくつかの灰は埋葬のために骨壷に入れられた。数か月後、殺害された患者の親族に愛する人の死亡が知らされたとき、親族は愛する人の骨壷を得ることができると言われた。しかしながら、「罐焚き」は、灰の大きな山から灰を無作為に骨壺に入れたので、灰は必ずしも骨壷に記された人のものではなかった。[25)]

秘密を守るためには、すべての被害者の死亡証明書が改ざんされなければならなかった。医師は、表面的な信頼性を維持するために、患者の以前からの身体的および精神的状態と一致するような死因を割り当てるように、最善の注意を払った。医師は、各患者の年齢、性別、および身体状態を、61の死因のうち、少なくとも一つの死因に一致させた。それぞれの場合において、「病因、症状、治療および可能性のある合併症は正確に記録された」。改ざんされた死因のリストは、特定の死因を使用することによって、その利点と欠点を含んでいた。

いくつかの例は次の通りである。

髄膜炎

脳の膿瘍は比較的まれであり、症状の進展には長い期間が必要なので、この病気は非常に例外的な場合にしか考えられない。これらの症状がすでに明らかである場合、例えば、耳、鼻または副鼻腔からの膿の排出などが見られる。（中略）すべての年齢層でも、この病気の影響を受ける可能性がある。

肺炎

肺炎は、理想的な死因となり得る。なぜなら、多くの人が肺炎を重篤な病気と見なすため、生命を危険に晒す病因として妥当だと見なされるからである。（中略）肺炎は、すべての年齢層および両性で起こり得る。若い人の死因に一致させる場合、高齢者や虚弱な患者の場合よりも、やや長めの期間を計算するだけでよい。

脳卒中

この死因は、高齢者、少なくとも40歳以上の場合に特に適している。若者の場合、稀であることから選択してはならない。死因としては、特定の併発する症状がなく、患者は比較的苦痛なく突然の死を迎えるため、特に適している。この死因は親族にとっていつも合理的であると思われ、親族は信じやすい。患者にその兆候がなく死亡したとしても信じてもらえる。[26]

この医療的隠蔽工作を維持するには、広範な欺瞞的官僚制が必要であった。各殺害施設には、特別登録事務所があり、そこには数十人の職員が雇用されていて、各患者の適切な死亡日を決定することを第一の任務としていた。職員が「タイムカード」と「死亡ファイル」を使用したことで、多くの死亡者を同時刻に記録することなく、疑惑を招くことを防いだ。

犠牲者一人ひとりに死亡日と死因が割り当てられた後、一連の書類が殺害された患者の親族に郵送された。最初の手紙は、患者が元の施設から安全に到着したことを親族または保護者に通知するだけである。ほとんどの患者は到着日に殺害されたため、安全に到着したという通知が郵送された時点ですでに死亡していた。最初の手紙が送られた後、殺害施設の職員は2か月間待機して患者の死亡通知を送った。

この「お悔やみ状」の最初の段落は、患者の「不慮の」死を親族に知らせるものだった。第二段落には、患者が苦しんでいたこと、家族が介護の負担から解放されたことなど、安楽死に関する当局者による宣伝が含まれていた。典型的な書簡には、以下のような決まり文句が含まれていた。「私たちは心から哀悼の意を表し、あなたのご子息が重い不治の病から解放され、慰められんことを願います。[27]」

「お悔やみ状」は次のようなものである。

（ハダマー）州立精神病院
1941年3月25日

親愛なるU殿

1941年3月13日、あなたの夫、エァンスト・Uが、帝国国防委員の命令による閣僚令に従って、私たちの収容施設に移されました。この措置は、現在の軍事的状況の中で行われました。患者が、1941年3月24日に髄膜炎を突発して急死したことを、私たちはあなたに知らせなくてはなりません。あなたの夫は重い不治の病を患っていたので、彼の死は救済の一形態とみなさなければなりません。

（中略）

私たちの収容施設は一時的保護を行うだけであり、ここでの滞在は一部の患者が感染症を患っているかどうかを確認することです（私たちの経験では、精神病患者の場合そうしたケースが多いのです）。伝染病予防の責任者である保健警察当局者は、遺体の即時焼却を命じました。このような場合、あなたの同意は不要です。もしあなたが、あなたの家の近くの墓地や家族の墓地に、骨壺を埋葬したいのなら、14日以内に埋葬地の所持または所有権を証明してください。そうすれば、墓地に無料で骨壺を送ります。そうでなければ、私たちは骨壷を他の方法で埋葬するでしょう。

故人の衣類は、先の理由で消毒しなければなりませんでした。それらは消毒中にひどく損傷しました。あなたが正当な相続人であるということを証明したなら、私たちはあなたに衣類と結婚指輪をお返しします。私たちが14日以内に相続証明を受け取らなければ、収容施設の貧しい人々に衣類を提供します。私たちは他の親族の住所を知らないので、そちらで知らせるようにお願いします。私たちは、あなたが当局に死亡通知書を無事に提示できるように、2通同封します。

ハイル・ヒトラー

フレック博士（ギュンター・ヘネッケの別名）より[28]

ゾンネンシュタインの安楽死施設は、1941年8月に閉鎖された。それまでにナチスの医師は、少なくとも1万人の障害のある人たちを殺戮した。

ベルンブルクとハダマー

5番目と6番目のT4安楽死施設は、ベルンブルクとハダマーであった。ベルンブルクの施設は、1940年9月、ブランデンブルクに取って代わった。1940年以前、同施設はベルンブルク州立病院および養護施設であった。1941年1月に開設されたハダマー殺害施設は、グラフェネック収容施設に取って代わった。記録によると、1945年4月にアメリカ軍によって解放される前、ハダマーでは少なくとも

4万人、おそらく40万人もの障害のある人たちが殺戮されたという。

ハダマー安楽死施設は、もともと州立病院および養護施設であり、19世紀半ばから運営されていた。その施設が殺害施設に改修された後、大量のガス殺や処刑により、何千人もの障害のある人たちが殺戮された。そこに送られた子どもたちのほとんどは、致死薬注射によって殺戮された。[29]

患者はハダマーに到着すると、受付で衣服を脱ぐように言い渡され、職員に連れて行かれた。その後、患者は体重を測定され、医師が小さな部屋で一人ひとりを簡単に診察した。患者はそれぞれ、身体に番号が刻印されるか、または番号が記されたテープ片が背中に貼られた。さらに、患者は別の部屋に入り、正面、側面、背面から写真撮影された。これらの写真は、患者の最終記録であり、ドイツの医師が殺害した患者の「肉体的劣性」を証明するために使用された。[30]

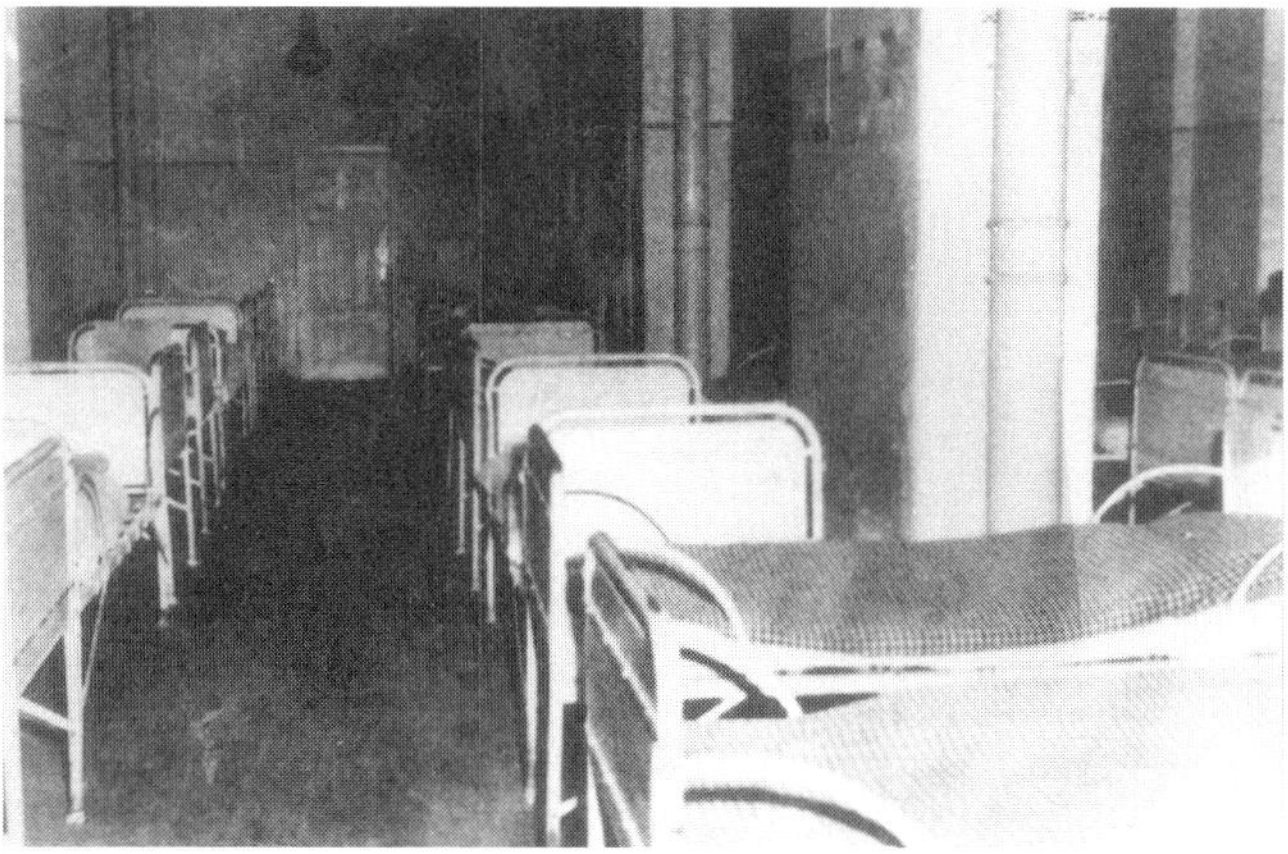

ハダマーの病棟（出所：アメリカ合衆国ホロコースト祈念博物館）

登録手続きが完了すると、患者は収容室に集められ、その後ガス室に導かれた。ほとんどの患者は「シャワー」の準備をしていた。なぜなら、彼らが脱衣していた間に、看護師からシャワーを浴びることを告げられていたからである。ほとんどの患者は、看護師の説明を受け入れ、喜んで部屋に入った。すべての患者が部屋に入ると、職員がドアを閉め、換気シャフトを密封した。隣室にいる化学者が圧縮ガス缶のバルブを開け、致死ガスが部屋に流入した。10分以内にすべての患者は死亡した。[31)]

T4作戦の職員の一人は後日、1941年の夏に、ハダマーで1万人目の殺害を達成した記念祝賀会が開催されたことを回想している。安楽死施設の職員全員が祝賀会に出席し、ビールとワインが振る舞われた。「カクテル・アワー」の後、職員は地下室に向かい、1万人目の犠牲者の焼却を目撃することとなった。裸の死体の周りには、人目につくようにナチスのかぎ十字旗と生花が飾られていた。医師の一人は、ハダマーでの業務の重要性を語り、参加者に励ましの言葉を送った。その後、その死体は炉に押し込まれ、職員は狂乱の拍手を打った。何人かの職員は、被害者を侮蔑する言葉を吐き捨て、他の職員は地元のポルカ・バンドの音楽に合わせて踊った。[32)]

ある職員は、後に、その夕方の出来事を次のように思い出している。

巨大な頭をもつ水頭症の男性患者の死体が、裸のまま置かれていました。（中略）確かに、それは紙の死体ではなく本物の死体でした。焼却炉の職員によって、その死体はある種の細長い飼葉桶《かいばおけ》のような台にのせられ、焼却炉に押し込まれました。そこで、（管理者である）人物が牧師をまねて、埋葬の（まがい）

説教をしました。[33]

夜遅くまで続いた祝賀会の別の参加者は、祝賀会が敷地内での酔っ払い行列に変わったことを報告している。[34]

他の殺害施設と同様に、ハダマーに通じる道路には、地元住民が侵入するのを禁止する標識が立てられていた。それにもかかわらず、地元住民は、安楽死施設に送られてきた患者に何が起こっていたのかをすぐに理解した。ハダマーに最初のバスで移送されてきた患者が殺害されると間もなく、地元の子どもたちは移送バスを「殺人箱」や「殺し屋」と呼ぶようになっていた。子どもたちはしばしば「お前、馬鹿じゃないか！お前はハダマーに送られて焼かれるぞ」と言い合った。しかし、ミュンスターのクレメンス・アウグスト・グラフ・フォン・ガーレン司教が殺害を非難した１９４１年８月まで、誰もがハダマーで何が起きているのかを公然と話すことはなかった。

「ミュンスター市民の皆さん」、司教は教区民に向けて話しかけた。

もし、人間が「非生産的な」人間を殺してもよいという原則を確立し適用するならば、私たちが年老いて虚弱になったとき、私たちすべてに災いが生じます！　もし、人が非生産的な人たちを殺すことが許されるならば、生産過程で彼らの健康と力を使い果たし、犠牲になった病弱な人たちに災いが生じます。もし、人が非生産的な仲間を排除することが許されるならば、忠誠なる兵士たちが、戦傷者として、深

刻な障害を伴って故郷に帰るならば、災いが生じます。（中略）
この犯罪が実際に容認され、罰せられないままであるなら、私たちの創造主である神が稲妻と雷の轟くシナイ山で「汝、殺すべからず」と宣言し、人類の良心に最初に刻み込んだ神の聖なる戒めを破壊するだけでなく、そのことは人類にとっての災い、ドイツ国民にとっての災いそのものです。[35]

ガーレン司教がこの説教を行って10日後、リンブルクの司教は帝国法務大臣に手紙を送った。

私は、いわゆる「役に立たない命」を絶滅させる具体例について、以下のように申し上げることが、私の義務であると考えています。
リンブルクから約8キロメートル、丘から見下ろすハダマーの町に、以前はさまざまな目的のために活用され、最近は、養護施設として使用されてきた施設があります。この施設は、改築され整備され、1941年2月以来、数か月にわたり、上記の安楽死が組織的に実施されたことが一般に知られています。この事実はもちろん、ウィスバーデンの行政区域を超えて知られています。（中略）
1週間に何度かバスがハダマーに到着し、かなりの人数の犠牲者が送り込まれています。近くの学校の子どもたちは、このバスを知っていて、「ほら、殺人箱が、またやってきた」と言います。バスの到着後、ハダマーの住民は煙突から煙が昇るのを見ています。（中略）神を恐れる人すべてが、無力な人たちの絶滅は悪事であり、無分別な不正だとみなしています。（中略）州警察当局者は、ハダマーで起きていることを厳しい脅迫で人々の話題にならないようにしていると言われています。(中略)帝国大臣殿、今年の7月16日の司教による報告に対して神の第五戒[3]に背かぬように、つつしんでお願い申し上げます。[36)]

ナチスの当局者は当初、抗議者を処罰することでこれらの苦情に対応した。ホフヌングスターラ病院の院長であり、プロテスタント教会中央本部副委員長である、パウル・ゲァハート・ブラウネ(Paul Gerhard Braune)牧師は、「これまでに使われた大規模な殺戮方法は、健全な心をもつ多くの人々に、かなりの程度受け入れられている」と苦言を呈した直後、ゲシュタポによって逮捕された。

殺害計画に抗議した他の宗教指導者、ベルリンの聖ヘドヴィッヒ大聖堂のベァンハート・リヒテンベァク(Bernhard Lichtenberg)は、説教を切り上げさせられ逮捕された。[37)] しかし、1941年の夏の終わりまでに、殺戮は、大衆の不安を引き起こしていたため、帝国法務大臣事務次官であるシェレーゲルベァガ(Schlegelberger)は、ヒトラーに対して、「ドイツの医療専門職、特に精神医療施設の運営に対する信頼がひどく揺らいでいる」と警告した。[38)]

ハインリヒ・ヒムラーでさえ、グラフェネックでの殺害計画に言及して、この問題を認めている。「大衆の心情は醜くなっている」とヒムラーはヒトラーに警告し、「私の見解では、ただ一つの選択肢だけです。それはこの地域の安楽死施設の運営を中止することです」と述べた。[39)]

ヒトラーはナチス政権に対する大衆の支持を損なうつもりはなく、1941年8月24日、カール・ブラントに対して、T4安楽死計画を「停止」するように命じた。しかし、それまでには6つのT4殺害施設で、少なくとも7万人、おそらく25万人もの障害のある人たちが殺戮された。

「野生化した安楽死」

ナチス政権のT4安楽死計画は、1941年8月24日に公式には終了したが、ヒトラーの停止命令は6つの公式の安楽死施設と毒ガス使用にのみ適用された。そして、障害のある人たちの大量虐殺は、他の地域や他の手段で続けられた。この分散化された医療的殺害は、「野生化した安楽死」と呼ばれ、1945年まで続いた。[40)]

帝国刑事警察長官のアートゥア・ネーベ(Arthur Nebe)によって、1941年のベラルーシにおける障害者に対する実験は、「野生化した安楽死」の期間中、この地域全体で行われたさまざまな残虐行為を示すものであった。まずネーベは、ミンスクでアルベァト・ヴィトマン(Albert Widman)とヴィトマン

ハダマーの殺害施設(出所:アメリカ合衆国ホロコースト祈念博物館)

の助手ハンス・シュミット（Hans Schmidt）の助けを借りて「実験」を行った。
この実験は、多人数を一度に効率的な方法で殺害するものであり、大きな小屋に約10人の精神障害者を閉じ込め、ダイナマイトでその小屋を吹き飛ばすものだった。この爆破により、肉片は遠くまで飛び散り、そのいくつかは木の枝に引っ掛かった。この実験の後、大規模な清掃作業が必要だったので、ネーベと彼の同僚たちはダイナマイトによる大量虐殺は望ましい方法ではないと判断した。[41]
ネーベとヴィトマンによる第二の実験は、モギレフ（Mogilev）近くの町で行われ、別の方法による障害者殺害が試された。ネーベは、障害のある患者グループを密閉した部屋に閉じ込め、トラックからの排気ガスをホースで室内に送りこんだ。患者たちは数分で死亡した。加害者たちは散らばった肉片を清掃する必要がないことに安堵し、この実験を成功と見なし、この方法をさらに展開させた。[42]
野生化した安楽死の期間に引き起こされた恐怖のもう一つの例は、ヴィルヘルム・グスタフ・シュエッペ博士（Dr. Wilhelm Gustav Schueppe）が、戦後の裁判で証言している。１９４１年9月から１９４２年3月の間、シュエッペはＴ４作戦中央本部によってキエフ病理学研究所での特別なプログラムに参加することを任命され、彼はそのプログラムを「生きるに値しない命の根絶」と述べた。この「特別業務」の最終目標は、ソビエト連邦のすべての障害者を清算することであった。シュエッペは、後に、キエフ病理学研究所での勤務中に、10万人以上の患者が殺害されたと推計した。[43]
プロイセン地方の障害者の運命も同様に厳しいものであった。１９４０年初頭に、ポメラニア〔4〕にあるメゼリッツ＝オブラヴァルデ精神病院に多数の障害者が到着し始めた。職員は、「聾唖者、病者、障害者、規律のない者」に加え、働けないすべての患者を殺害対象として選択した。記録の一部しか残されていないため、そこで殺害された正確な人数は決してわからないが、最も控えめな推計でさえ、野生化された安楽死の期間中に、約7000人の患者がミエンジジェチの医師によって殺害されたとされている。この控えめな数値でなく、おそらくより正確な推計は、戦後ドイツの司法機関によるものであり、殺害された障害者数は1万人以上とされている。

大量虐殺は他の占領された国々でも続いた。例えば、ボヘミアとモラビア〔5〕では、ドイツ人患者は、断種と絶滅のためにズデーテン地方に移送された。そして、傀儡国家として独立したスロバキアから700人以上のドイツ系住民が排除されると、「彼らは石鹸になった」と噂された。[44]

「飢餓の家」と「餓死のテント」

ヒトラーが停止命令を出した後、病院の医師と管理者たちは、「生きるに値しない」患者を処分するための大量ガス殺以外の方法を見いだした。1942年11月17日、ヴァルター・シュルツ博士が議長を務めるバイエルンの収容施設長会議が開催された。ヴァルター・シュルツ博士は、集権的に組織された大量ガス殺の中止によって、「施設自身でどうにかする」時が到来したのだと述べた。

同会議に出席していたカウフボイレン・イルジィ病院のヴァレンティン・ファルトハウザー博士（Dr. Valentin Falthauser）は、患者を餓死させることを各施設に推奨した。これを達成するために、ファルトハウザーは2種類の食事制限を提案した。一つは働くことができる患者のためのものであり、もう一つは働けない患者のためのものであった。ファルトハウザーは、後者の患者群には1日に50グラム以下の茹で野菜だけを摂取させることを主張した。[45]

会議に参加した医師の大半は「飢餓のための食事制限『安楽死食』」が有益なアイデアであり、1942年11月30日、シュルツは政府機関に対し、バイエルン地方の収容施設において「差別的食事制限」の導入を通知した。

戦時中の食糧供給と労働可能な収容施設患者の健康状態を勘案すれば、患者が生産的労働を行っているのか、あるいは治療中であるかにかかわらず、患者すべてが同じ配給を受けることに対して、私たちはそのことを正当化することはもはや許されません。彼らは労働という名にふさわしい労働を遂行せず、ただ単に庇護を受けているだけです。したがって、生産的な労働を行っている患者、治療を受けている患者、教育可能な子ども、戦傷者および精神疾患のある老人は、残りの患者よりも質的にも量的にも優れているので、より良い食事を与えることにより即時的な効果が期待できます。[46]

ヘァマン・プファンミュラー博士が担当したエグルフィング＝ハール病院において、これらの特別な食事制限を受けた患者たちは、「飢餓の家」と呼ばれる二つの家屋に分けられ、食事制限はプファンミュラーによって無慈悲に強制された。プファンミュラーは、1週間に3～4回、収容施設の調理場を訪れ、食事に「違法な」動物性タンパク質が含まれていないかを確認した。1943年から1945年の間に、少なくとも429人の患者がエグルフィング＝ハールにある二つの「飢餓の家」で餓死した。[47] 強制餓死はハダマーやドイツの多くの精神病院や収容施設で実施された。しかし、餓死は、比較的ゆっくりとした過程であることから、致死薬注射によって殺害スケジュールを加速させることがあった。[48]

「安楽死」殺害計画における親衛隊の役割

親衛隊は公式のT4安楽死計画で副次的な役割を果たしたが、ヒムラーと親衛隊員は、1939年10月という早い時期に、障害のあるヨーロッパ人を日常的かつ組織的に殺害した。大量殺戮プロセスを合理化するために、親衛隊特別ユニットが結成された。1939年7月3日、親衛隊のシェーファー（Schafer）少将は、指揮官クァト・アイマン（Kurt Eimann）の名前にちなんだヴァハシュトゥアムバン・アイマン（Wachsturmbann Eimann）（またはアイマン分隊（Eimann Battalion））と呼ばれる特殊部隊の設立を命じた。最初の任務の一つは、軍の兵舎確保や予想される戦時犠牲者のためのスペースを確保するために、ポメラニアにある収容施設からすべての「精神障害者」を殺害することであった。[49]

収容施設を空室にするために、アイマンと彼の隊員は、患者たちに服薬させた後、手錠をかけて拘束袋に入れ、列車でダンツィヒ＝ノイシュタット（Danzig-Neustadt）に運んだ。そこに着くと、患者たちはトラックに積み込まれ、森の中に運ばれた。さらに、彼らは大きく掘られた穴の端に一人ずつ連れて行かれ、後頭部を撃ち抜かれた。アイマン分隊が何人の患者を殺害したのか正確に知る者はいないが、1941年1月の彼らの報告では、3000人以上の患者がこの方法で殺害されたと記されている。[50]

1941年5月21日から6月8日まで、1558人の精神病患者が、ヘァベァト・ランゲ（Herbert Lange）が率いるランゲ親衛隊大隊として知られる親衛隊行動隊によって殺害された。[51] 犠牲者を射殺したアイマン分隊とは異なり、ランゲ親衛隊行動隊は大量のガスを使って犠牲者を殺害した。ランゲとその行動隊は、「カイザー・カフェ社」という名称をペイントした大型トラックで地元の病院に患者を運んだ。それは、彼らの使命である本来の目的を偽装するためであった。彼らは多数の患者を集めてトラックに積み込み、運転中にガスで死に至らせた。ランゲ行動隊は、近郷の墓地に遺体を埋葬し、別の「旅」のために病院に戻った。[52]

障害者の大量殺戮は、占領下のポーランドでより組織的に進められた。1939年から1944年の間に、親衛隊などのナチス当局者は、少なくとも1万2850人のポーランドの精神病患者を殺害した。1939年10月、親衛隊行動隊はポズナン州のオヴィンスカ収容施設を「空き部屋」にし始めた。殺害された最初の患者たちは、犯罪歴のある精神障害者であり、彼らは後ろ手に縛られてトラックに積み込まれた後、銃やシャベルで武装した複数の行動隊員によって森林に追い込まれた。行動隊が「旅」から戻ってくるたびに、トラックは空になり、シャベルは汚れ、血で覆われていた。収容施設のすべての患者が殺害された後、行動隊は子どもを殺害し始めた。1939年11月までに収容施設は空っぽになった。結局のところ、約1000人の精神障害のある子どもと成人が残虐に殺害された。[53]

しかし、ポーランドや他の地域での大量殺戮は、1941年6月、ドイツが旧ソビエト連邦（旧ソ連）に侵攻した際に開始した大規模な殺戮作戦に比べると、小さなものと思えるかもしれない。旧ソ連の障害のある一般市民を殺害することは、保安警察（Sipo）と親衛隊情報部（SD）からなる行動隊に割り当てられた仕事であった。行動隊の中心的な使命は、ユダヤ人と旧ソ連の戦争捕虜を殺害することであったが、彼らは殺人的暴力から障害者を排除しなかった。当初、スパイとして逮捕されたソ連の民間人ウラジーミル・ロマネンコの運命は、障害者の処理を例示している。ロマネンコは最終的にスパイ活動の容疑を免れたが、ナチスは彼を「精神薄弱者」として処刑した。その殺害決定は次のように説明された。

すなわち、「ロマネンコのケースは精神薄弱者としての扱いである。ロマネンコは、すでに精神病院に3回措置されたことがあると認めた。彼は1941年9月9日に遺伝性疾患があることを理由に処刑された」と。ロマネンコは、ナチス時代に旧ソ連で処刑された10万人以上の障害のある人たちのひとりであった。[54)]

これらの殺害に加え、親衛隊はコードネーム「14f13作戦」の名の下で、強制収容所へのT4作戦の拡大にも関わった。

14f13作戦

1941年初め、ハインリヒ・ヒムラーは、フィリップ・ブーラにT4作戦施設の一部を使って、「重症」の囚人がいる強制収容所を空にできないか尋ねた。それからまもなく、新しい殺害計画である「14f13作戦」

が開始された（この作戦の名称は、強制収容所の監督官のために使用された略語であったが、後に「病気の囚人」の死を記述するためのコードネームとなる）。「重症」の囚人を特定するために用いられた標章には、「愚か」を意味するドイツ語の「Blöd」と刻印された腕章があり、「頭の弱い」囚人であることが示された。同様に、聾者の囚人は、赤い逆三角形の小さな金属製のピンを身につけなければならず、そこには「聾唖」を意味するドイツ語の「Taubstummen」が記されていた。他の囚人は首に大きな看板、例えば「私はまぬけ！」と書かれた看板を着用しなければならなかった。14ｆ13作戦の直接的な結果として、少なくとも2万人の病人と障害者が強制収容所からベルンブルク、ハートハイム、ゾンネンシュタインの施設に送られガス殺された。[55)]

この作戦は、ザクセンハウゼン(Sachsenhausen)強制収容所に始まり、ブッヘンヴァルト(Buchenwald)、アウシュヴィッツ（Auschwitz)、マウトハウゼン（Mauthausen）の各強制収容所に移された。囚人は「保養所」に移されると信じ込まされた。医師たちは、これらの強制収容所での「仕事」を終えると、ダッハウ(Dachau)、ラーフェンスブリュック（Ravensbruck)、フロッセンブァク（Flossenburg)、ノイエンガメ(Neuengamme）の各強制収容所に移動し、1万2000人以上の「病的」あるいは「反社会的な」囚人を「除去」した。[56)]

1942年3月、病気であっても就労可能な囚人を殺害しないように指示する秘密の親衛隊指令が強制収容所の所長に送られた。1か月後、ドイツの戦争遂行のために軍事産業を助け、燃料を節約する必要から、所長は「身体障害者」は強制就労が可能として、「精神薄弱者」だけを「選外」（Ausmusterung）とするように指示した。[57]

医学実験

ニュルンベルク裁判は、ナチスが数千人もの障害のある人たちに野蛮な実験を行ったことを世界に知らしめた裁判である。しかし、ナチス政権の最初の医学実験は、戦争中の強制収容所ではなく、ヒトラー政権の初期に病院や研究室で行われたのであり、そのことに気づいている人はほとんどいない。最もおぞましい実験のいくつかは、1933年、遺伝病子孫予防法が制定された直後に実施されており、50万人以上のドイツ国民に「強制断種」が行われた。そのような実験は、より効率的で安価な大量断種方法を開発するためであり、障害者と「劣等」人種の間で広く実施することを可能とするものであった。これらの実験で使用された主要な二つの断種方法は、放射線被曝と女性の生殖器への化学薬品の注入だった。[58]

最初の方法は、ヴィクター・ブラックとホァスト・シューマン（Horst Schumann）によって開発され、大量断種が達成されるように設計され、「カウンタープログラム」と呼ばれた。「断種」対象の候補者たちは庁舎に呼び出され、候補者がカウンターで登録用紙に記入するために立っている間、カウンターの後ろに隠されていたX線照射装置を稼働させ、候補者の性器に照射した。

2～3分間の被曝は、永遠の断種を引き起こすのに十分であった。レオ・アレクサンダ（Leo Alexander）博士によると、この方法は失敗であった。「100人の男性収容者に実験しましたが、すべての被験者にX線による重度のやけどが生じるという事実がありました。この実験過程で、2週間後に被験者の睾丸を組織学的検査のため除去しました。私はこの凶悪な実験で去勢された四人の生存者を調べたところ、三人は生殖器の近くの皮膚に広範な壊死があり、もう一人は尿道に広範な壊死がありました」[59]とアレクサンダは述べた。

追加の放射線実験は、1942年の冬、アウシュヴィッツ第二強制収容所ビルケナウの第10棟、およびベルリン北部にある主に女性の強制収容所であったラーフェンスブリュック（Ravensbruck）で始まった。[60]ビルケナウの第10棟は、「クラウベァクの棟」としても知られていた。クラウス・クラウベァク博士（Dr. Claus Clauberg）の名前が付けられていたのである。クラウベァクは、素早く安価な大量断種手段を求めて残忍な実験を行っていた。

彼は、被験者に少なくとも一人の子どもを産んだ20歳から40歳の女性を選んだ。彼の実験は、女性の子宮に不透明な液体を注入し、卵管の閉塞、瘢痕または損傷があるかどうかをX線で判定するというものであった。彼は、その後、子宮内に化学物質を注入し、6週間以内に卵管の傷跡に感染症を引き起こさせた。化学物質は、通常、子宮膜を破壊し、両方の卵巣を深く傷つけた。彼は、それを取り除き、検査のためにベルリンに送った。

クラウベァク博士の多くの若い女性被験者は、実験によって死亡した。実験を拒否した人や抵抗した人は、ガス室に送られた。実験で生き残ったが、結果として障害をかかえるに至った女性たちも死の収容所に送られ、ガス殺された。女性生存者の一人は、クラウベァク博士に暗い部屋に連れて行かれたことを次のように思い返している。

　クラウベァクは、私に婦人科の診察台に横たわるように命じました。私はその時、長い針の注射器を準備していたシルヴィア・フリードマン（Sylvia Friedman）が目に入りました。クラウベァク博士は、この針を私の子宮に注射したのです。私は、胃が爆発するほどの痛みを感じました。私は叫び声をあげました。それは建物全体に聞こえるほどでした。クラウベァク博士は、すぐに叫ぶのを止めるように怒鳴りつけました。さもなければ、ビルケナウ強制収容所に直ちに連れ戻させるぞ、[61]と。

クラウベルグ博士は、後に、彼が開発した方法なら、１日に１０００人の女性を断種することができると主張した。

同じように野蛮な実験が、アウシュヴィッツでヨーゼフ・メンゲレ博士（Dr. Josef Mengele）の指導の下、障害者に対して行われた。これらの実験の一部には、「小人」［低身長症の人］の使用が含まれていた。２歳児から、そのような実験のために選ばれた小人は、人類学的測定およびさまざまな残忍な臨床試験にかけられた。しばらくすると、メンゲレはクロロホルムを小人の心臓に注入し、内臓の解剖や病理検査を行った。

これらの実験が想定した目的は、小人症の遺伝的原因を発見することであり、ドイツ人の子孫にその発生を防ぐためであった。アウシュヴィッツのある医師は後に次のように語っている。「医者のメンゲレと彼の仲間は、博物館の広々とした廊下に特別な台座を設けて、アウシュヴィッツで殺された小人たちの骨格に正確な情報を記載したカードを付して、いつの日か、陳列することを夢見ていた」[62]と。

一つのユダヤ人家族、7人の小人のきょうだいで構成されたオーヴィッツ（Ovitz）一家[6]は、東ヨーロッパ全域を移動し、チェコスロバキアやハンガリー、ルーマニアの満席の劇場でショーを行った。1944年、一座はドイツ人によって捕らえられ、アウシュヴィッツに送られガス殺された。ペルラ・オーヴィッツ（Perla Ovitz）は生き残った娘の一人であった。ジャーナリストのイフダ・コーレン（Yehuda Koren）は、最近、オーヴィッツの家族に関する記事を発表した。

1944年5月、43万人以上のユダヤ系ハンガリー人が鉄道駅に行進させられ、絶滅収容所に追放された。（中略）オーヴィッツの家族は、馬で列車に運ばれた。兄弟の一人であるレオンは小人ではなく、彼らと一緒ではなかった。彼は偽造文書を使って隠れようとしたが、彼は処刑された。彼の妻と乳児の娘は、後にアウシュヴィッツでガス殺された。

残りのオーヴィッツの家族がアウシュヴィッツに到着したとき、彼らは脇に立っていた役人の一人に見つけられ、メンゲレ博士に通告された。（中略）残りの仲間はガス室にまっすぐ連れ去られたが、小人は柵の前に立たされ、自らの運命を待たされた。（中略）メンゲルは遅れてやって来て、その場に到着したときには、小人の家族はもはやそこにいなかった。混沌とした騒ぎのなかで、誰かが彼らをガス室にすでに引きずり込んでいたのである。[63]

オーヴィッツさんは次に起こったことを説明した。

私たちは裸にされ、男女が一緒に立っていましたが、重たい金属の扉が私たちの背後で閉じられたとき、私たちは吹き出したガスのにおいを嗅ぎました。私には吐き気があり、私たちみんなは床に倒れました。突然、霧の立ちこめる中で、私たちは外からの叫び声を聞きました。「小人！　小人はどこにいるんだ」[64)]

突然、ガス室の扉が開き、メンゲレが現れた。彼は、小人たちを外に運び出し、蘇生させるよう命じた。水が小人たちにかけられ、ガスを吐き出すために牛乳を与えられた。オーヴィッツさんは、次のように述べている。「彼（メンゲレ）は私たちに非常に満足しました。彼は、私たちのおかげで、今後20年間にわたって仕事が続けられるだろうと言いました」と回想している。その後、彼女らの腕にシリアル番号の刺青が入れられた。ペルラの番号は「Ａ５０８７」だった。[65)]

コーレンの説明によると、メンゲレは「人間の成長の秘密を発見したいと考えていました。生命の実験室があり、そこに七人の小人と二人の普通の大きさの姉妹がいました」。メンゲレは、彼らの命を助けてやろうとしたのかもしれないが、彼らを野蛮な実験から救おうとはしなかった。むしろ、彼らはアウシュヴィッツの囚人から隔離され、特別なバラックに収容されていた。そこで、メンゲレたちは、小人と双子のグループに対し実験を行った。ペルラと彼女の兄弟姉妹は、一時、数か月間、そのバラックに閉じ込められ、終わりのない悲惨な実験に晒された。

小人たちの血は静脈から採取され、骨髄が脊椎から引き出され、髪の毛が抜かれ、臼歯が抜かれた。眼に注がれた液剤によって彼らを数時間盲目にした。温水と冷水が耳に注がれ、針がさまざまな神経に挿入された。電極が頭に取り付けられた。さまざまな未知の液体が既婚の小人姉妹の子宮に注入された。[66]

ペルラ・オーヴィッツの話で最も恐ろしいのは、他のヨーロッパの多くの障害のある人たちと同じように、彼女と姉妹は、生きながら残忍な実験に耐えなくてはならなかったということだ。T４幹部の一人であるパウル・ニッチェ（Paul Nitsche）は、１９４１年９月、ブランデンブルク＝ゲルデン収容施設が、精神薄弱者やてんかん患者を「消毒」（ガス殺の秘密語）する前に研究を行うのに適している、と記している。

ラーフェンスブリュックの職員は、後に「異常な囚人（精神障害者）が選ばれ手術台に持ち込まれ、（股関節部の）脚全体の切断が、腕全体の切断と同様に行われた」と回想している。その後、犠牲者は、まだ生きていれば「注射で殺され」、足と腕は「ホーヘンリュッヘンに（研究）目的のために運び出された」。

ドイツで最も権威のある研究機関は、殺害された「被験者」から採取された身体部分を使って、恐ろしい実験を行っていた。そのような研究機関は、ブレスラウ大学、[7] ハイデルベルク大学、さらにボン大学、ケルン大学、ベルリン大学、ライプツィヒ大学の精神医学部である。[67] パウル・ニッチェとハイデルベルク大学のカール・シュナイダ（Carl Schneider）教授との協力関係は、収容施設と大学研究施設との密接な結びつきから始まった。

シュナイダは、1942年10月、アウグスト・ヒルト（August Hirt）博士のストラスブール大学研究室で見た「多くの見事な白痴たち」について報告した。[68] その3か月後の1943年1月、シュナイダとニッチェは、小人や双子の脳、精神薄弱や他の珍しい神経疾患に苦しんでいる患者の脳に関して共同研究を開始した。

シュナイダは、ニッチェから送られた研究対象となりそうな脳の登録リストから、自分の研究に合った脳を選択した。シュナイダは、「研究材料」について極めて用心深く、配送業者によって個人的に届けられたと主張している。シュナイダは、後に、収容施設が脳を十分に送ってこないと苦情を申し立て、「研究資料を増やす」のは、「科学の進歩」のために、障害児が犠牲になる「順番」なのだ、と言及した。[69]

1944年3月9日、シュナイダの同僚であるカイザー・ヴィルヘルム神経学研究所脳部門（ベルリン）のハラーフォルデン教授は、ブランデンブルク＝ゲルデン施設で殺害された障害者から取り出された697の脳を受け取った事実を認めた。また

積み重ねられた補装具（出所：アウシュヴィッツ・ビルケナウ強制収容所博物館）

歴史家は、ナチスの神経学者であるハインリヒ・グロス（Heinrich Gross）の研究の多くは、ナチスの医師が殺害した子どもたちの保存された脳に基づいていることを明らかにしている。これらの殺害で告発された医師たちは、１９６０年代半ばまで、被害者の遺体を研究に利用し続けた。[70]

障害のある患者に対するナチスの実験は、人命に関係なく行動する自由を完全に与えられたナチスの医師たちによって、個人的な動機に基づいて実施された。マイケル・バーリー（Michael Burleigh）［本書では、イギリスの作家、歴史家である彼の文献がたびたび引用されている］は、痛々しい皮肉をつぎのように記している。「（ドイツとポーランドの）収容施設の全患者を抹殺したことは、（中略）Ｔ４の精神科医たちにとって、彼らから仕事を奪うかもしれないと遅ればせながら悟ることとなり、犠牲者の遺体に関わる気味の悪い実験を通じて、医師たちができうる人命救助をいたずらに試みたのだ」と。[71]

強制労働

医学実験または死から免れた障害のある人は、労働のために利用された。働くことが可能だった障害のある人にとって、働き方の程度が生きるか死ぬかをしばしば決定した。大部分の障害のある人は、少なくとも何らかの手作業を行うことができ、多くのユダヤ人の犠牲者と同じように、殺害される前に働くことを強制させられ、残虐に搾取された。[72]

障害のある人はよい労働力供給源だと考えられた。障害のある人の多くは収容施設に集められていたので、産業やその他の職務遂行のために迅速に徴用できる集団であった。例えば、1941年と1942年には、ポメラニアのプルシアン州にあるメゼリッツ＝オブラヴァルデ精神病院は、ドイツの少なくとも26都市から障害のある患者を受け入れた。そこの職員は働けない患者をすぐに殺害した。さらに、奴隷労働者は、しばしば東部から移送され、彼らの障害や病気が、労働を妨げる段階に達すれば殺害された。嘆かわしい生活と労働条件のため、多くの東部労働者（Ostarbeiter, ポーランドとソ連から移送された強制労働者）は結核にかかり、もはや働くことができなった。これらの人々は「精神病」と分類され、絶滅収容所に送られ、ガス殺または致死薬注射がなされた。[73)]

Ｔ４安楽死計画の開始前および終了後の両方で、施設収容された患者の活用は、強制労働の供給源として広く受け入れられ、通常、「治療」の偽装のもとで行われた。安楽死計画が1940年に始められた頃、施設職員は残された患者に対して生産的な労働を要求し、障害のある患者を殺害する決定は、彼らが労働可能かどうかに基づいていた。Ｔ４作戦の方針は、患者が施設内で労働可能かどうか、あるいは型にはまった労働しかできないかどうか、そのような患者の状態を医師に報告させることを要求した。[74)]

これらの方針の結果、施設収容の障害者は三つのカテゴリーに分類された。

（1）不治ではあるが、まだ労働可能な者。

（2）「治療」の一環として労働可能な者。

（3）不治で、もはや労働不可能な者。

そして、「労働」は非常に幅広く定義されていた。その労働には、「ジャガイモや野菜の皮むき、段ボール箱、紙袋、マットなどの簡易な製造など」を含む「機械的な単純作業」が含まれていた。労働能力は、誰が生きるべきか、死ぬべきかを選別する最もわかりやすく重要な基準であったため、「生産的な」患者は一時的に死を免れた。そのため、彼らの労働は悪用される可能性を伴っており、ドイツの軍事力を供給することにもなった。[75]

障害のある患者たちの無償労働は、ドイツとオーストリアの収容施設にとって身体的に疲れた患者に対する管理を容易にさせ、職員給料の支払いと鎮静剤の費用を節約することができた。これらの施設は、患者の強制労働から利益を得た。例えば、エグルフィング＝ハールには、耕作しなければならない土地が45万8691ヘクタールもあった。また、施設は葉巻会社などの地元産業からの下請けも受けていた。[76]

アイヒベルクの元収容者の女性は、後にいくつかの強制収容所に移送されたが、アイヒベルクでの経験は、強制収容所での収監と同じようにひどかったと、証言している。障害者の施設と強制収容所のどちらにも、奴隷労働、焼却炉、シャワー室に偽装されたガス室、および飢餓棟があった。これらの類似点のために、患者が施設で経験する極度の緊張感は、強制収容所の囚人が経験したものと変わらなかった。

例えば、ハダマー殺害施設に収容されていた18歳の患者であるセルマー（Selmar S.）は、シュネッフェンハウゼン（Schnepfenhausen）の屋敷に出向して働かされたとき、労働班から逃亡した。「収容施設について話をする」ことが脅迫になって、1943年6月、彼は殺人を引き起こしてしまった。

同様に、「空襲を恐れた」ドイツ人女性のミンナ（Minna H.）は、ドイツの精神障害施設に強制的に収監された。そこで、彼女は敷物のかがり縫いをする作業に従事させられた。1944年3月、彼女は、縫製を無限に強制されたため手指から出血し、自分や他の患者のために縫製用の指ぬきを要求したが、彼女は「トラブルメーカー」として殺害された。[77)]

聴力の欠損は、最も厳しい肉体労働においても労働能力を低下させることがないため、聾者は、特に悪用された。ときには、聾の労働者は、大きな騒音の仕事や軍事施設で働くことができることから、特に望ましいと考えられた。聾者の生存者であるフレッド・フェドリッド（Fred Fedrid）は、熟練労働者として働いたため生き残ることができた。フェドリッドは仕立屋として訓練され、ナチス新兵のために、死亡した兵士の制服を仕立て直す仕事を命じられていた。彼はナチスによって熟練労働者として認められたことで、アウシュヴィッツとダッハウで生き延びることができたのである。

聴覚に障害のあるローズ・フェルド・ロズマン（Rose Feld-Rosman）は、工場での制服の縫製作業を強制された。その工場の規則に従って、5本の針を折った労働者はすべて強制収容所に送られ殺害された。耐え難い圧力のもと、フェルド・ロズマンは4本の針を折った後でも数か月間縫い続けた。[78)]

障害のある人も、ドイツ産業の奴隷労働力の役割を担って強制収容所から大量に徴用された。例えば、アウシュヴィッツ絶滅収容所では、イー・ゲー・ファーベン化学会社（I.G. Farbenindustrie AG）は、1944年に83000人以上を雇用し、奴隷労働工場を経営した。また、シーメンス社は、1939年から1945年の強制労働計画では、シーメンス社がほぼ10万人の男女を徴用した。シーメンス社は、アウシュヴィッツ、フロッセンビュルク、グロース・ローゼンなど、ナチスが設立した少なくとも20の絶滅収容所から多くの労働力を得たのだった。

搾取と略奪

振り返ってみると、ナチス政権、ドイツの産業およびさまざまなスイス企業は、障害のある人の迫害と搾取から実質的な利益を得ていたことは明らかである。ヒュー・ギャラファーによれば、慢性疾患の障害者に対する安楽死による殺戮の経済性は、広く認識され議論されていた。ギャラファーは次のように記している。「戦時期、財政は天を衝くほどに膨張し、財政赤字は驚異的となり、保健医療の資源は限られていた。経済的に生産的な市民に復帰できない患者に対する長期ケアのための支出は、健康な人を健康に保つ公衆衛生の支出と比較して、コストおよび便益の面で非経済的であると主張された」と。端的に言えば、保健医療に関する希少な資源を適切に配分しなければならなかったのである。[79)]

障害のある人は非生産的で質の低い属性だという考え方は間違っている。多くの障害のある人たちは、家族や住宅、財産、ビジネスで普通の生活を送っていた。障害者に対する搾取は、ナチスの戦争遂行に多方面で貢献し、ナチス政権を実質的に豊かにした。私たちが見てきたように、金時計、金歯・金の詰め物、眼鏡フレーム、その他の個人資産が犠牲者から奪われた。彼らの身体はいわゆる「医学研究」のために使用された。犠牲者の家族は詐欺的な費用を支払うように騙された。障害者のケアよりも障害者の絶滅による節約が計算された。さらに、障害者は、ナチス時代を通じて、障害者施設、強制収容所、地域産業、ドイツ軍において、非人道的な条件の下で働くことを余儀なくされた。

障害のある人たちの絶滅は、ドイツの戦争遂行に貢献し、ナチス体制を実質的に強化した。殺害された犠牲者の親類は、愛する人が施設に収容されている間だけでなく、殺害されてからも詐欺的な費用を支払わなければならなかった。家族は、（少なくとも犠牲者の死亡日まで）食糧や宿泊、「医療的ケア」の費用が請求された。家族は、ほとんどの場合、死亡証明書が改ざんされていたため、愛する人が殺された日付を超えて費用を支払わされた。これらの機関は、患者の生存期間に数か月間を不正に追加し、患者一人につき200〜3000ライヒスマルクを追加徴収することがよくあった。

これらの患者は殺害される日まで飢えに晒され放置されていたため、施設で実際にかかる費用はほとんどなかった。飢餓病棟の開発は、文字通り無力な人々の口から食べ物を奪うことにより、ドイツが経済的利益を得ることを可能にした。安楽死施設で開発された略奪方法は、後に、強制収容所で転用され、そこには数千人もの障害者が収容された。[80]

これらの「役に立たないが食べる者」と「社会的な負担」を最終的に根絶することは、ドイツ政府とドイツの軍事力にとって、数百万のライヒスマルクの節約となった。全体として、ナチスは、1951年9月1日までに8億8543万9800ライヒスマルクを節約すると見込んでいた。例えば、政府関係者は、マーマレード一キログラムにつき120ライヒスマルクのコストとして、殺害された患者一人が毎月700グラムのマーマレードを消費すると計算していた。このことから、絶滅作戦は590万2920キログラムのマーマレードを節約し、10年間で708万3504ライヒスマルクの節約につながると結論づけた。節約は、チーズ、パン、肉、その他の必需品の支出から同様に集計された。

学校の教科書でさえ、そのようなコスト計算が計算問題として学生に与えられた。教科書に示されているそのような「計算問題」の一つは、「精神障害者の収容施設の建設費用総額が600万ライヒスマルクの費用がかかるなら、一か所1万5000ライヒスマルクの施設はどれだけ建設できるか？」であった。

別の「計算問題」としては次のようなものがある。

精神病患者に1日約4ライヒスマルク、身体障害者は5・5ライヒスマルク、犯罪者は3・5ライヒスマルクが必要である。多くの場合、公務員は約4ライヒスマルク、給与従業員はわずか3・5ライヒスマルクであり、世帯主の未熟練労働者でも2ライヒスマルクしかない。

（a）図を使ってこれらを説明しなさい。控えめな見積もりによると、（ドイツの収容施設には）約30万人の精神障害者、てんかん患者などがいる。

（b）これらの人は（一人あたり）4ライヒスマルクが必要なら、合計でどれだけの費用がかかるのか？

（c）この費用から1件1000ライヒスマルクの結婚融資は、一年にどれくらい見積もることができるか？[81)]

同様の計算問題が、1945年にハートハイムで発見されたT4作戦文書にも述べられている。

一日一人あたりの平均支出は3・5ライヒスマルクと想定するなら、

・一日24万5955ライヒスマルクの節約

・一年間8854万3980ライヒスマルクの節約

・平均余命を10年とすると8億8543万9800ライヒスマルクの節約（中略）

すなわち、この計算は、これまでに実施された7万273人の消毒（絶滅）を根拠に、すでに節約されたか、1951年9月1日まで節約されるであろうというものである。

精神障害のある犠牲者が所有する貴重品への日常的な略奪に加え、殺害施設の職員は、犠牲者の資産を略奪するという目的だけで患者をたびたび殺害した。ある証人は「時には看護職員が、患者の腕時計や素敵なスーツ、靴を手に入れたいと思い、その欲望を満すために患者を殺害した」と回想した。[82)]

安楽死施設で開発された略奪方法は後に、障害者を収容した強制収容所で利用された。スイスはナチスによる障害のある人の迫害と搾取を通じて、直接的かつ実質的な利益を得た。ドイツの役人たちは、略奪した資金をスイスの銀行の安全な口座に送金し、資金洗浄を行った。諜報業務の資金を調達するためにドイツ外務省は、ゲシュタポによって償却された資金と略奪されたダイヤモンドおよび金の売却益をスイスの銀行に預託した。スイスは基本的に、ナチスの奴隷労働による利益と犠牲者から奪った莫大な資金を保有した。[83)]

障害のあるユダヤ人の殺害

ヘンリー・フリードランダーが論じているように、ヴィクター・ブラックは、ニュルンベルク裁判の宣誓の下、安楽死施設で障害のあるユダヤ人は殺害されていないと証言した。ブラックのように、安楽死に加担した何百人もの医師が、ユダヤ人の患者の運命について尋ねられたときに意図的に嘘をついた。今日でも彼らの「嘘は続けられる。(ナチスの安楽死計画では、)障害のあるユダヤ人の運命を理解することは不明となっている」[84]。

ヒトラーが権力を掌握するまで、障害のあるユダヤ人は、ヤコブ病院・養護施設のようなユダヤ系の施設や、ドイツおよびオーストリアの非ユダヤ系の病院の双方に収容されていた。障害のあるユダヤ人患者はまた、ドイツ全土のユダヤ人コミュニティにある多数の老人ホームや養護施設でケアされていた。しかし、第三帝国が権力を掌握すると、ドイツの障害のあるユダヤ人の扱いは悪化した。1939年には、ヤコブ病院は、精神医学的障害のある人たちを扱う唯一のユダヤ人のための施設であり、ドイツの帝国ユダヤ人協会によって「取得」されていた[85]。

1938年11月、帝国内務省、労働省、財務省は、ユダヤ人がユダヤ人福祉機関からのみ援助を受けられるという通達を発し、障害のあるユダヤ人のケアに対する責任を変更した。その通達には、ただし書きがあり、公的福祉機関は、居住、衣服、医療的ケアのような必需品・サービスについては引き続き支払いを続けることができるが、それはユダヤ人の民間機関が費用を支払うことができなかった場合に限られる、とされていた。
1939年7月の新しい通達は、困窮するユダヤ人への援助を減額したばかりか、ユダヤ人は、民間のユダヤ組織からだけ福祉の支援を受けることができるとされた。民間のユダヤ人組織は、当時、すでに、ドイツの帝国ユダヤ人協会が全面的に資金を出していたのである。加えて、帝国ユダヤ人協会が、すべてのユダヤ系子弟の教育への財政支援に責任をもつとも規定していた。これらの通達は、ドイツの障害のあるユダヤ人に対して、ケアのために利用可能な資金を厳しく制限した。[86]
大幅に制限された福祉支給の問題に加えて、1930年代後半には、障害のあるユダヤ人は非ユダヤ系の民間施設からの差別や排除に直面し始めた。カトリック慈善協会やプロテスタント・ホーム・ミッションのような教会は、非ユダヤ人のための施設をたくさん運営していた。ユダヤ人の患者は常にこれらの施設に受け入れられていたが、1937年のドイツ最高裁判所の判決は、「課税免除は、施設には適用せず、またユダヤ人を利する目的にも適用されない」とする政策変更がなされた。ユダヤ人への門戸を閉ざした非営利のキリスト教系病院は、非営利団体としての資格を失うという強迫に晒され、ユダヤ人の追い出しを強いられていると主張したのである。[87]
事実、障害のあるユダヤ人は、ドイツ社会から排除される最も強力で極端な絶滅という方法に晒され、この期間の優生学的な「慈悲の死」に常に包まれていた。フリードランダーのような研究者は、T4作戦で殺害されたユダヤ人の正確な人数はよくわからないが、その数は数千を超え、おそらく5000人に近いと結論づけている。この数値は、1940年に帝国ユダヤ人協会によって計上された公的に施設収容された約

2500人のユダヤ人と、民間施設やオーストリアに住むユダヤ人患者、および帝国ユダヤ人協会に関与していないユダヤ人患者を合計したものである。[88]

わずか1年後、ドイツ政府は施設収容されたユダヤ人のケアをさらに制限した。「人種汚染の危険性」が想定され、内務省は、ユダヤ人が「ドイツ人やドイツ人系の患者から物理的に分離されなければならない」と主張し、特に州立病院や養護施設では強調された。[89]

「安楽死」に基づく殺害の開始は、ユダヤ人の患者にも明らかな影響を与えた。フリードランダーは次のように主張している。「障害のあるユダヤ人が、安楽死に基づく殺害に含まれていないとは考えられない。だが、ブラックや他のT4職員はニュルンベルク（裁判）でそのように主張したのである。彼らは、ユダヤ人がドイツの障害者に与えられる『慈悲の死』の恩恵から除外されていたと主張した。しかし、1940年にユダヤ人の患者グループがドイツの施設から移送され、帰還しなかったことを、ブラックらは否定することはできなかった。ニュルンベルク裁判で米国から提出された証拠書類には、エグルフィング＝ハールのユダヤ人移送者リストが含まれている[90]」

1940年の春、ゲシュタポと内務省は、施設内のユダヤ人患者に関する詳細情報を収集し始めた。内務省の入所施設に対する依頼は、特に、入所施設や養護施設に「精神病や精神薄弱を患っているユダヤ人患者」のリストを報告することを求めた。この種の出来事が、ドイツの病院で障害のあるユダヤ人の患者が殺害され始める契機となった。その後、1940年9月、ユダヤ人の患者は施設から退去させられ、バイエルンのエグルフィング＝ハールのような各地の「集合施設」に連れて行かれた。

9月20日だけで、190人以上の障害のあるユダヤ人患者が施設から集められた。これらの移送にあたり、ヘァマン・プファンミュラー博士は、移送されたユダヤ人患者の名前のリストを内務省に送り、「私の施設は今後、アーリア人精神病患者だけを収容することを国務省に報告する」と申し述べたという。[91]

施設収容されたユダヤ人の患者を移送し、殺害するよう命じたのは誰であるかを示す文書はないが、フリードランダーは、カール・ブラントとフィリップ・ブーラの責任であるとし、彼らがヒトラーと直接的に意見交換した可能性があると付言している。障害のあるユダヤ人は、組織的に殺害されることになるユダヤ人の中で最初の人たちであった。フリードランダーによると、「障害のあるユダヤ人患者を殺害するという決定は、安楽死と最終的解決策との重要な連鎖をなしている。なぜなら、その連鎖は、より多くの対象者が、殺害の企みに引きずり込まれたことを明示しているからである」[92]と。

終わりの始まり

戦争が終わる数か月前に、法医学の病理学者たちがオプラヴァルデ（Obrawalde）市の収容施設に送られた。旧ソビエト軍が、その収容施設は何かおかしいと報告していたのである。

病理学者は、まだ生きていた患者のうち10人にインタビューし、施設を査察することにより、数年間、一日当たり50人の患者が収容施設で殺戮されたことを確認した。その後、病理学者は、標本抽出された被害者の遺体を発掘し、ほとんどすべての遺体にモルヒネやその他の薬物が注射されていたことを確認した。施設での「死亡記録」を調べることにより、捜査官は収容施設で１８０００人の患者が殺戮されたと判断した。[93]
１９４５年5月29日、４歳のリヒャルト・ジェンヌ（Richard Jenne）は、ナチスによる安楽死殺害の最後の犠牲者となった。彼は、午後1時10分にカウフボイレン（Kaufbeuren）病院の小児病棟職員によって殺害された。彼の死因は「チフス」だった。翌月、米軍がカウフボイレンを調査したとき、彼らは不潔な状態をした「大規模絶滅工場」を発見した。捜査官の到着時に「いたるところに、疥癬、シラミ、他の害虫がはびこり、リネンは汚れていたが、防疫措置は存在しなかった」と。[94]

ナチス時代にどれくらい多くの障害のあるヨーロッパ人が殺戮されたかを正確に判断することは不可能だが、以下の統計は一般的に受け入れられている。

・Ｔ４計画の一部として殺戮された人は、27万人から40万人
・施設で殺戮された子どもは、５０００人から１００００人
・施設におけるユダヤ人に対する特別措置は、１００００人
・「14ｆ13作戦」の一環で殺戮された強制収容所収容者は、２万人から4万人

欺瞞、拒否、そして記録の意図的な廃棄は、正確な合算を不可能にしている。Ｔ４殺害施設のそれぞれで殺戮された障害者数についても同様である。例えば、通常の「安楽死」と14ｆ13作戦によるハートハイムの犠牲者は、２万人（ロナウアー（Lonauer's）の後継者であるゲオルグ・レンノー博士（Dr. Georg Renno）まで）から40万人（マウトハウゼンの前監督者フランツ・ツィエライス（Franz Ziereis）の死まで）と推計されている。

しかし、これらの数値でさえ低いようである。ヒトラーとナチス政権は、ドイツ、オーストリア、ポーランド、旧ソ連、占領されたすべての地域で、すべての障害のある人たちを清算することを約束していたという事実を考えると、障害のある人たちの4分の3がナチス時代に組織的に根絶されたと考えるのは不合理なことではない。

【訳注】

〔1〕ブラックは、本書原文ではナチ医師の一人とあるが、ブーラの首席事務官で親衛隊大佐としてT4安楽死計画の運営に深く関与していた（ギャラファー（長瀬訳）、p.48, p.286）。

〔2〕このような宣伝映画の一つに、1941年に制作された「Ich klage an（私は告発する）」があり、「安楽死」を合法化するために民衆に訴えたものであった。

〔3〕第五戒、「あなたの父母を敬え」は、生命の永続性を説き、弱点や欠点を持つ者であっても、寛容の思いをもって、神から与えられた者として受け入れるという旨である。

〔4〕ポメラニアは、現在のポーランド北西部からドイツ北東部の地域のことである。

〔5〕ボヘミアは、現在のチェコ共和国の中・西部地域、モラビアは同国の東部地域にあたる。

〔6〕オーヴィッツ一家は、1930年代から40年代にかけて、中央ヨーロッパを巡業したユダヤ人の音楽一座である。

〔7〕ブレスラウ大学は、現在のポーランドにあるヴロツワフ大学のことである。

第3章

人種衛生学、ナチスの医師たち、「断種法」

FORGOTTEN CRIMES

医神アポロン、アスクレピオス、ヒギエイア、パナケイアおよびすべての男神と女神に誓う。私の能力と判断にしたがってこの誓いと約束を守ることを。（中略）私は能力と判断の限り、患者に利益すると思う養生法をとり、悪くて有害と知る方法を決してとらない。純粋と神聖をもってわが生涯を貫き、わが術を行う。

いかなる患家を訪れる時も、それはただ病者を益するためであり、あらゆる勝手な戯れや堕落の行いを避ける。（中略）この誓いを守りつづける限り、私はいつも医術の実施を楽しみつつ、生きてすべての人から尊敬されるであろう。もしこの誓いを破るならば、その反対の運命を賜りたい。

ヒポクラテスの誓い『医学の歴史』小川鼎三、中公新書を参照

民族主義国家は、健康な国民だけが子どもをもうけるべきだということを理解しなければならない。（中略）この国家は、千年先の守護者として振る舞わなければならない。（中略）国家はこのような認識を実行するために、最新の医療技術を提供しなければならない。見るからに病気である者、あるいは悪質の病気を遺伝する者、さらに負担となる者、すべてに対して、国家は生殖不能と宣告しなければならない。

アドルフ・ヒトラー『わが闘争』平野一郎・将積茂訳、角川文庫を参照

精神科医と健康な国民は、遺伝学的な欠陥をもつ者に相対する協力者である。精神科医は、遺伝的に欠陥がなく、有能で、優れた人種を繁栄させるために貢献しなければならない。

エァンスト・リュディン、ドイツの精神科医、１９３４年

１９８０年代以降、多くの歴史家は、従来ナチスの反ユダヤ主義政策としてひと括りにされてきた人種差別に対する私たちの理解を劇的に深めてきた。ロバート・プロクター（Robert Proctor）〔1〕、ヘンリー・フリードランダー、マイケル・バーリーをはじめとする多くの歴史家の功績により、今日、ナチスの残虐行為の対象へのさらなる関心が、アラブ人やアフリカ系ドイツ人（「ラインラントのできそこない」）、ホモ・セクシャルやレズビアン、シンティ・ロマ（以前はジプシーと呼ばれた人々）、旧ソビエト軍捕虜、そして障害のある人たちなどにも向けられている。ナチスの虐殺において、その人種政策の形成と実施には、医師や科学者、学者、精神科医などドイツのさまざまな専門家がかかわっていたという認識が以前よりも広がっている。[1)]

米国の歴史家・プロクターは、『人種衛生学―ナチス政権下の医学―（Racial Hygiene: Medicine under the Nazis）』の中で、ナチス・ドイツの人種政策に関わるイデオロギー構造は、１９３９年に始まったナチスの安楽死計画よりさらに以前、ドイツの科学における哲学的、制度的構造に深く根ざしていることを示している。〔2〕

プロクターは、ドイツの医師たちがヒトラーの人種差別主義的な目標を実行し、達成するため、いかに主

導的な役割を担っていたかを詳細に立証している。しかし、障害のある人たちの大虐殺を担ったドイツ人医師たちの極めて重大な役割を理解するために、私たちは、まず、彼らが意図的で残忍な殺戮を行った社会的、知的文脈を検討しなければならない。[2)]

人種イデオロギーに関する最初の理論的な論考の一つは、フランス貴族であったジョゼフ・アルテュール・ド・ゴビノー（Joseph Arthur Comte de Gobineau, 1816〜1882年）によって著されたものである。〔3〕彼は、『諸人種の不平等に関する試論（*Essai sur l'inégalité des races humaines*）』（1852年）の中で、人種固有の不平等性は、「歴史的発展の主な原動力であった」と述べている。ゴビノーによれば、支配者アーリア人種の成果である高度な文化は、「下等」人種と「劣等」人種との交配により必然的に衰退したとされた。

理論的な根拠が欠落したゴビノーに対して、チャールズ・ダーウィンの『種の起源（Origin of Species）』（1859年）が出版されたことで、科学的な人種差別主義の展開は大きな転換点を迎えた。プロクターが指摘するように、ダーウィンの研究成果の影響は非常に大きく、欧米の学者たちが、自然淘汰の原理を人類の社会科学に適用し始めた。ダーウィンの理論は、さまざまな政治関係者の関心に訴えるものであったが、「ダーウィンの知見は人間科学に対して妥当性をもつ」という点では意見が一致したものの、その理論がいかに適用されるべきであり、どのように適用可能なのかという点においては意見が分かれた。[3)]

例えば、米国では、社会ダーウィニズムの支持者は、ダーウィンの理論を一種の「宇宙的楽観主義の科学的証明」と見なした。つまり、生き残った個体の生存そのものが、最も環境に順応したものであると定義づけられるということである。この考えの根底にあるのは、進化論が「産業資本主義と競争的な企業家精神の道徳的、政治的優位性を実証した」ということであった。

ジョンD・ロックフェラー（John D. Rockefeller）は、米国における大企業の成功が、「純粋に自然の法則と神の法から成り立っている」と宣言し、その見解を表明した。[4]

一方で、プロクターが述べているように、ドイツの社会進化論者たちは、かなり異なった形でダーウィンの進化論を引き合いに出し、彼ら独自の道徳的、政治的秩序を正当化することに躍起になっていた。19世紀末のアメリカの知識人のほとんどが、「米国の試みは、必然的に進化を遂げながら成功する」のであると大きな自信を表明していたのに対し、ドイツの知識人たちは、進化論のより暗い含意を強調する傾向にあった。ほとんどのドイツ知識人は、「米国で受け入れられていた楽観的な自由放任主義、市場における自由主義」を強調するよりも、むしろ「人種の必然的な退化」を防止するため、国家の積極的な介入が必要であることを強調した。19世紀末に出現したドイツ優生学（人種衛生学）運動は、彼らの深刻な不安や恐れの表れであった。[5]

ドイツの初期の人種衛生学運動における重要人物の一人として、エァンスト・ヘッケル（Ernst Haeckel）が挙げられる。彼は、優位と推定する「インド—ゲルマン人種」を強化するために、「虚弱な」そして「精神的欠陥のある」人々を殺害することを主張した。[6] 同じく、もう一人の重要人物として、アルフレード・プレッツ（Alfred Ploetz）が挙げられる。彼は、社会の健康を遺伝学的な集合として捉え、誰が結婚し子どもを産むことを許されるべきかを医療専門家によって決定されることが守られるべきであると主張した。プレッツはまた、「病人」や「障害者」に対する医療的ケアに異議を唱えた。医療的ケアによって、それらの人々が子どもを産み、その結果、遺伝子プールが汚染されると考えたからである。[7]

プレッツは、伝統的な医療的ケアは「個人を救うが、最終的には種を危険に晒す」と強調した。プレッツによれば、唯一の解決策は、新たな種類の衛生学である「人種衛生学」、つまり、「ただ単に個人の善ではなく、より重要な人種にとっての善」を考えるというものであった。[8]

しかし、重要なことではあるが、ドイツの初期の人種衛生学運動は統一されたもの、あるいは同質的なものではなく、むしろ、「革新的な立場と保守的な立場、進歩的な立場と反動的な立場の双方が入り交じった」ものであった。[9] しかし、第一次世界大戦の終わりまでには、「保守的な民族主義勢力が、人種衛生学における主要な制度的中心の大部分を支配」し、この動きはますます戦闘的で反動的な右翼勢力となり、最終的にナチスの生物医学装置に組み込まれた。[10]

このような変化における重要人物として、ドイツの卓越した編集者であるユリウス・レーマン（Julius Lehmann）が挙げられる。第一次世界大戦中、レーマンは数十冊もの軍事に関する小冊子を出版し、1918年に『人種と社会生態学のためのアーカイブ（*Archiv für Rassen und Gessellschaftts biologie*）』の出版を引き受けた。また、彼は、1926年から影響力のある人種衛生学者の学術誌である『民族と人種（*Volk und Rasse*）』の発行を手伝い、1933年のナチス政権誕生に伴い、「遺伝病子孫予防法」に関する公式解説書を出版した。それは、明らかに精神あるいは身体的な障害のある人たちの強制的な断種を要請するものであった。

プロクターが記しているように、レーマンの努力はやがて報われた。1934年、彼は誉れ高いナチスの名誉勲章を授かったナチスの発足当初のメンバーであった。レーマンが頭角を現したことは、右派勢力が人種衛生学者との連携を強化する中で、ドイツ人種衛生学運動の政治的方向性の重要な転換を象徴していた。[11]

しかし、ドイツにおける安楽死に関する議論の中で最も重要な役割を果たしたのが、ライプツィヒ大学の法学者のカール・ビンディング（Karl Binding）とフライブルク大学の著名な精神医学者、アルフレート・ホッヘ（Alfred Hoche）によって1920年に発刊された1冊の本、『生きるに値しない命を終わらせる行為の解禁』〔4〕であった。その中で、ビンディングとホッヘは、精神障害者は人種衛生学的な目的のために撲滅されるべきであると論じている。ビンディングは、同書において、個人主権の概念に訴えることから議論を進めた。彼が宣言したように、すべての個人は、自分自身が適当と考える人生を選択するための、譲ることのできない「主権」を所有している。[12]

ビンディングは、その上で、国家の「善」のために、その国家によって撲滅されうる―そしてされるべきである―と彼が信じる三つのグループの人間について詳述している。まず、最初のグループには、「死に至る過程を早める」ことを切望している終末期の患者あるいは重症患者が含まれている。二つめのグループには、すべての「不治の白痴者」が含まれている。「不治の白痴者は完全に無駄な」生命であると、ビンディングは明言している。

「彼らは、彼らの親類や社会全体にとって大きなお荷物であり、彼らの死は―恐らく彼らの母親や誠実な看護師の心の中を除いて―小さな隙間さえ残さないだろう」、「彼らは悲惨な人間であり、彼らと出会った誰もが嫌悪感を催す」と続けている。[13]

ビンディングが撲滅すべきと信じる三つめの、そして最後のグループは、「事故により意識不明となった精神的に健康な人たち」であり、「彼らが意識を取り戻した場合、彼ら自身の身体に障害があると知って愕然とするだろう」と述べている。[14]

ビンディングとは異なり、ホッヘは、医学的倫理に関する専門的な研究が不足していることを引き合いに出しながら議論を進めている。彼は、何が医学上、「倫理的」であるのかという共通理解が存在しないため、医学倫理の指導は必然的に非公式で、その場しのぎの形で行わざるを得ない、と主張した。ホッヘに言わせれば、医学はその倫理規程を含めて、すべてが相対的なものであり、「永遠に同一であると見なされるべきではない」と。[15]

その後、彼は精神障害者に関心を向ける。「完全な白痴者」、そして「不治の白痴者」は、「コミュニティや彼らの親類、そして国家に対して著しく大きなお荷物」を背負わせている。彼らは、「精神的な死の状態」にあり、「苦難に対処する能力」をもたず、「動物界でしかお目にかかれない知的レベル」の単なる「人間の抜け殻」である、と彼は主張する。ホッヘにしてみれば、そのような「ばか者」に対して哀れみや共感を示すことは非論理的であり、「受難のないところには、哀れみも生まれない」のだと。[16]

同時代に生きた多くの人々と同様に、ホッヘは障害者を撲滅する正当性のために経済学を引き合いに出した。プロクターによれば、ホッヘは、「ドイツのあらゆる施設に確認した結果、白痴一人のケアのために年間平均１３００ライヒスマルクの費用がかかっている」と主張した。そして、彼は、「50歳を平均寿命として20～30人の白痴をケアした場合、食料品、衣服、暖房などの費用を加算すると高額になり、まったく非生産的な目的のために国民生産が減少していることを意味する」と主張した。自らの立場を擁護して、ホッヘは、国家は有機的な全体として考えられるべきであり、社会という「身体」の役に立たない、あるいは「害をなす」部位は、即座に除去されるべきだと主張した。[17)]

アドルフ・ヒトラーは、ビンディング、ホッヘ、プレッツといった学者のアイデアに触発された。ヒトラーは、未来の民族主義国家としてのドイツが、人種的な純粋性を保つために、選別的な生殖と優生学的な排除に基づく出産促進政策を積極的に推進すべきであると信じるようになった。さらに、これらの目標を達成するためには、ドイツの生物医学界の全面的な支援が必要であることをヒトラーは理解していた。ドイツの医師は必要以上にヒトラーに協力し過ぎているとの意見をもつ学者も何人かいたが、1933年までには、ヒトラーに異を唱え、抵抗することはすでにかなり危険なこととなっていた。この点でいえば、ナチスの安楽死計画に参加していた医師たちには、協力するか亡命するかの選択肢しかなかった。

けれども、プロクターが指摘するように、ドイツの科学者や医師たちは、人種衛生学を最初に「考案した」のである。そればかりでなく、人種衛生学を擁護した主な医学誌や研究機関の多くは、ヒトラーが1933年に政権を掌握する何年も前から存在していた。実際、1930年代初頭までに、ドイツにおける人種衛生学は、すでに哲学的あるいは知的な正統性をもち、カイザー・ヴィルヘルム人類学・人類遺伝学・優生学研究所がベルリンに設立された1927年までには支持されていた。

ヴィルヘルム研究所における研究の一部は、ドイツ国民の人類学的な調査と精神薄弱、犯罪、神経症、がん、結核、その他の疾患の遺伝の究明に向けられた。1927年、オイゲン・フィッシャ（Eugen

Fischer）は、同研究所の所長に任命された。彼は、所長としてヒトラーの人種差別主義的な目的を推進するための研究活動を先頭に立って指揮しただけでなく、人種的な純粋性に関するナチス高官の疑問に専門的なアドバイスを与えていた。プロクターが示すように、フィッシャは急速に頭角を現し、その後にベルリン大学学長に任命された。

学長就任の挨拶において、フィッシャはナチスを次のように賞賛した。「ナチスは、人間の文化がその土地や歴史のみの所産ではなく、むしろこれまで文化を生み、引き継いできた人種的資質の所産であることを理解する最初の存在である」と。フィシャは、続けて、人間の健康に関する二つの基礎哲学を対比させた。すなわち、「マルクス主義的社会主義者の見解は、単一の個人に関わるものであり、国民社会主義者［＝ナチ党］の見解は、家族に関わるものである」と。

フィッシャにとって、問題は個人でなく病的な遺伝家系であった。「なぜ、はしかやジフテリアといった接触伝染性の病気には強制的な登録がありながら、統合失調症や精神病といった遺伝性の疾患にはそれがないのか。ショウジョウバエの亜種には、多くの突然変異が存在することを理解しているというのに」と彼は問う[18]。

ヒトラーは、フィッシャのようなドイツ医学会を牽引する人物に、医学専門家としての信頼を置き、ドイツ民族の浄化に役立つと確信していた。国民社会主義者ドイツ医師同盟の演説で[5]、ヒトラーは、法律家や技術者、建築家なしでもやっていけるが、「国民社会主義者ドイツ医師同盟の諸君、あなた方なしでは1日たりとも、1時間たりともやっていくことができない。もし、あなた方にとって何の利益にもならないという理由で、あなた方が私を見捨てるようなことになれば、すべてが無駄になってしまう。私たちの人民の健康が危険に晒されているのならば、私たちの苦労は何のためにあるのか」と。[19]

1933年3月21日、ヒトラーがドイツの首相に指名されて2か月も経たない内に、二つの主要なドイツ医師会の長であったアルフォンス・シュタウダ博士（Dr.Alfons Stauder）は、国民社会主義者ドイツ医師同盟の複数の重要人物と面会し、ヒトラーの目的により適合させるために医療専門家の再編を構想した。

その後まもなく、シュタウダはヒトラーに電報を送り、新たな体制に対する医学界の全面的支持を誓った。

首相ヒトラーへ‥ドイツ医学会―ドイツ医学連盟とハルトマン同盟―は、あらゆる身分、職業、階級による真の民族共同体を創造するという、国家再建に向けた帝国政府の決定を最上の喜びをもって歓迎し、祖国の偉業に国民が快

表2ナチスの犯罪に関与したドイツ人医師、科学者一覧（知識人、指導者）[20]

	氏　　名	職　　業
①	エァウィン・バウア (Erwin Bauer)：1874-1952年	ベルリン農業大学・植物学教授、カイザー・ヴィルヘルム人類学・人類遺伝学・優生学研究所・遺伝学部長
②	オイゲン・フィッシャ (Eugen Fischer)：1874-1952年	ベルリン大学・人類学教授、カイザー・ヴィルヘルム人類学・人類遺伝学・優生学研究所所長
③	ハンス・ギュンター (Hans Günther)：1891-1968年	イエナ大学、ベルリン大学、フライブルク大学・人類学教授
④	アルフレート・ホッヘ (Alfred Hoche)：1865-1943年	フライブルク大学・精神医学教授
⑤	フリッツ・レンツ (Fritz Lenz)：1897-1976年	ミュンヘン大学・人種衛生学教授
⑥	エァンスト・リュディン (Ernst Rudin)：1874-1952年	カイザー・ウィルヘルム精神医学研究所所長

く従事できるよう、人々の健康に対する奉仕者としての職務を誠実に遂行することを誓います。[22]

2週間後の1933年4月5日、ヒトラーは、ドイツの医療専門職に対して、最先端の人種衛生学の課題にすべてのエネルギーを注ぐよう要求した。ドイツの医療専門職は、彼に反対することはなかった。

表3ナチスの犯罪に関与したドイツ人医師、科学者一覧（医学専門家）[21]

	氏　　名	職　　業
①	ヴェルナー・カーテル（Werner Catel）	ライプツィヒ大学・小児科部長（未成年安楽死の専門家）
②	マックス・ド・クリニス（Max de Crinis）	ケルン大学（ベルリン）・精神医学部長（成人安楽死の専門家）
③	ユリウス・ハラーフォーデン（Julius Hallervorden）	カイザー・ヴィルヘルム精神医学研究所・脳研究部長（患者の脳研究）
④	ハンス・ハインツェ（Hans Heinze）	ブランデンブルク＝ゲルデン大学・学長（T4計画・リサーチセンター所長）
⑤	ヴェルナー・ハイデ（Werner Heyde）	ウュルツブルク大学・精神医学部長（T4計画・医長）
⑥	ベァトルト・キーン（Berthold Kihn）	イエナ大学・精神医学部長（成人安楽死の専門家）
⑦	フリードリヒ・マウツ（Friedrich Mauz）	コーニスブルク大学・精神医学部長（成人安楽死の専門家）
⑧	パウル・ニチェ（Paul Nitsche）	ゾンネンシュタイン病院・院長（T4計画・医長）
⑨	フリードリヒ・パンセ（Friedrich Panse）	ボン大学・精神医学部・教授（安楽死の医学専門家）
⑩	クァト・ポーリッシュ（Kurt Pohlisch）	ボン大学・精神医学部長（成人安楽死の専門家）
⑪	カール・シュナイダー（Carl Schneider）	ブレスラウ大学・精神医学部長（成人安楽死の専門家）
⑫	ヴェァナ・フィリンガ（Werner Villinger）	ブレスラウ大学・精神医学部長（成人安楽死の専門家）
⑬	コンラート・ツッカ（Konrad Zucker）	ハイデルベルク大学・精神医学部・教授（患者の安楽死に関する脳研究）

「遺伝病子孫予防法（断種法）」

1933年6月、帝国内務大臣のヴィルヘルム・フリック（Wilhelm Frick）は、ナチスの人種差別主義的な目標を達成させるために、人口政策の課題に対する「専門委員会」を設置すると公表した。「専門委員会」の最初の会合において、フリックはドイツ人の健康を危険に晒している「脅威」と戦う新たな人口政策を要請した。フリックの最も重要な関心事は、国家主導による積極的な人種政策の欠如のために、「遺伝性疾患」にかかっている患者の数が、急激に増加しているという「事実」であった。[23)]

一か月後の1933年7月14日、ヒトラーが政党の結成を非合法化したその日に、ドイツ政府は「遺伝病子孫予防法」を制定した。バチカンとの協定[6]を締結した同じ閣僚会議で承認されたこの法律は、遺伝性と見なされた広範な種類の疾病に冒された人々の強制断種を認めるものであった。それらの疾病には、先天的な精神薄弱や統合失調症、躁鬱病、遺伝性の視覚障害や聴覚障害も含まれていた。

ドイツ人医師たちは、少額の手数料と引き替えに、法の適用対象となるあらゆる事例について報告するよう求められた。先述のように、多くのドイツ人医師たちが、長年にわたり「障害者」に対する断種の必要性を擁護してきたため、この法律に従うことには何のためらいもなかった。

1890年代初頭、ドイツ人精神科医オーギュスト・フォレル（August Forel）は、「戦時における兵士の犠牲と同等の国家的損失」として、精神異常者の断種を正当化しようとした。ハイデルベルクの婦人科医であったエドウィン・ケーラー（Edwin Keher）をはじめとする他のドイツ人医師はさらに踏み込んでいた。

プロクターによれば、彼は、これ以上「劣った」子どもを世の中に生み出さないことを確実にするため、ともかく一人でも多くの患者に断種手術を施した。１９０３年には、ドイツの精神科医エァンスト・リュディン（Ernst Rudin）が、「不治のアルコール中毒者」の強制断種を提案した。そして、１９１４年には、自発的な断種を合法化するための法案がドイツ議会に提出された。

１９３０年までに、ドイツの多くの医学誌あるいは科学誌では、ドイツ民族の利益に反する「障害者」や「不適合者」の強制断種が公然と求められるようになっていた。[24)]

しかし、それはドイツのみに見られた動きではなかった。１９２８年9月には、スイスのヴァート州［現在のヴォー州］において精神病者や精神薄弱者が「不治」であり退化した子孫を産む可能性があると公的医療機関が判断すれば、彼らを強制断種できる法律を成立させた。１９２９年には、デンマークが強制断種を法制化したヨーロッパで2番目の国になった。5年後、ノルウェーが断種法を制定した。それに続いて、スウェーデン、フィンランド、エストニア、アイスランド、キューバ、チェコスロバキア、ユーゴスラビア、ラトビア、ハンガリー、トルコが同様の法律を制定した。[25)]

しかしながら、障害者の強制断種が最初に法制化されたのは米国においてであった。１９０７年、インディアナ州は、精神病者あるいは犯罪性の精神障害者の断種を認める米国で最初の法律を可決した。１９２０年代後半には、米国の28の州が同様の措置をとり、１９３０年までに1万５０００人以上の米国市民を強制断種するに至った。１９３９年までには、29の州において３００００人以上の米国人に対し、優生学を根拠にした断種が施された。その断種の半数近くが、カリフォルニア州で行われた。[26)]

第一次世界大戦後、ドイツの人種衛生学の父祖の地として、ドイツを凌ぐようになるかもしれない」ことを危惧し、次第にドイツ民族の人種衛生と純粋性を改善するための過剰な方法を提案し始めた。プロクターが語っているように、強制断種の著名な唱導者グスタフ・ベータ（Gustav Boeter）博士は、国家主義的な情緒に訴えて、1924年には「精神欠陥者」の強制断種を公然と支持していた。「われわれ人種衛生学者が奨励していることは、決して目新しいことでも、弁明の許されないことでもない。（中略）われわれが懸命に努力していることは、第一級の文明国、米国で導入され、以前から試されてきたことである。それは単純明瞭なことだ」と。1年後、ウィーン人種管理委員会の議長であったオットー・ライヒ（Otto Reich）は、米国が急速に人種衛生学の分野で世界のリーダーになりつつあり、それに「追いつくこと」がドイツの急務であると訴えた。ライヒは、「人種管理は、あらゆる国内政策、そして少なくとも対外政策の基礎にならなければならない」と断言した。[27]

ドイツの優生学者の最大限の努力にもかかわらず、自発的な断種を認める提案はワイマール共和国議会において繰り返し否決された。しかし、1932年7月2日に最終的な「前進」が見られた。それは、ドイツ医師会の幹部メンバーとプロイセン保健委員会が会合をもち、「経済サービスにおける優生学問題」を議論したときであった。その2か月後の1932年9月、プロイセン保健委員会は「遺伝性欠陥者の生殖を阻止するために、医学的な管理の下、法の範囲内で自発的に行われる断種」を認めることに賛同した。そして、1932年秋、自発的な断種を認める法律案がドイツ議会に提出されたのである。[28]

1932年にワイマール共和国政府が通過させた断種法から、ナチス政権における1933年の「遺伝病子孫予防法」制定までは、短い道のりであった。しかしながら、帝国議会は、この法律が懲罰的な意味合いをもつものではないことを明確にしていた。それは、断種を命じられた人は「刑罰を受ける犯罪者」のように見なされてはならない、という意味であった。法律の支持者にとってみれば、むしろ強制断種は、ある人が「欠陥」をもって生まれたという「個人的な悲劇」の結果と見なされるべきだということである。[29]

新たな法律の条項に従って、すべてのドイツ人医師、看護師、公衆衛生の役人には、彼らの知りえた遺伝性疾患のあらゆるケースを登録することが求められた。同法第九条は、登録を怠ったすべての医師に対して150ライヒスマルクを上限に罰金を課すことを認めていた。障害のある人たちは、通常、まずか

表4 ドイツにおける断種の申請件数と判定結果（1934～1936年）[30]

年	申請件数	断種認定	却　下
1934	84,604	62,463	4,874
1935	88,193	71,760	8,976
1936	86,254	64,646	11,619

表5 ドイツにおける断種手術の件数（1934～1936年）[31]

年	手術の決定件数	手術の実施件数
1934	62,463	32,268
1935	71,760	73,174
1936	64,646	63,547

表6 ドイツにおける断種手術により死亡した件数[32]

年	手術実施（男性）	手術実施（女性）	手術による死亡（総数）	死亡（男性）	死亡（女性）
1934	16,238	16,030	102	21	81
1935	37,834	35,340	208	35	173
1936	32,887	30,624	127	14	113[33]

かりつけ医師によって断種を勧められ、その医師が地域の遺伝衛生裁判所に分析結果を提出した（第一回は1934年3月15日にベルリンで開始）。歴史研究家であるフリードランダーによれば、遺伝衛生裁判所は、1934年の3～12月の間に8万4525件の断種に関する申請書を受け取ったという。

その間、裁判所は6万4499件に判定を言い渡した。その内、断種の認定が5万6244件、断種の却下が3692件となった（4563件が取り消し、または継続観察）。1934～1939年にかけて判定のペースは早まり、裁判所が聴取したほぼ95％が断種と認定された。断種を命じられた個人には、決定に対して遺伝衛生裁判所に上訴する権利が保障されており、多くの該当者が上訴した。1934年には、4000人に近い人が判定に対して上訴を行ったが、それが認められたのはわずか77人だった。大多数（3559人）は、裁判所の判定を覆すことができなかった。ナチス政権下において、判定が覆ったのは上訴されたケースの3％未満であった。断種に応じることを拒否した人たちは、概ね強制収容所に送られ殺害された[34)]。

聴覚障害者の断種

「遺伝病子孫予防法」が適用される広範な疾患の中で、「精神薄弱」が最も一般的な断種の根拠であり、統合失調症やてんかんがそれに続いていた。ろう者もまた、断種の主な対象になっていた。いかなる理由であるにせよ、彼らのことはほとんど研究されてこなかった。ろう者に対する断種法の適用を検討した包括的な研究はないが、時折、言及されることがある。あるドイツの歴史家は、先天的ろう者の1万5000人以上が、同法の下で断種させられた可能性があると示唆している。1990年代初頭に、ホァスト・ビーゾルト（Horst Biesold）は、ナチスによる断種を逃れたろう者の口述記録を収集し、その主張を立証しようと試みた。

ビーゾルトは、後年、『泣き叫ぶ手―ナチス政権下のドイツにおける優生学とろう者』の中で、彼の発見したことについて述べている。[36]

ビーゾルトは、ナチスの残虐行為から生還したろう者との対談を始めてみると、いくつかの理由で、強制断種されたろう者の協力や信頼を得ることが困難であることに気づいた。その困難さには、「遺伝性の疾患をかかえた者は劣等であるという人種衛生学者の主張が、先天的ろう者の中に、無価値な存在であるという自己認識を醸成してしまった」という事実であった。

それにもかかわらず、ビーゾルトは、ヨーロッパのろう者が決まっ

表7 疾患ごとの断種の件数（1934年）[35]

診断	断種（%）	断種・男性（%）	断種・女性（%）
精神薄弱	17,070（52.9%）	7,901（48.7%）	9,169（57.3%）
統合失調症	8,194（25.4%）	4,261（26.2%）	3,933（24.5%）
先天性てんかん	4,520（14.0%）	2,539（15.6%）	1,981（12.4%）
躁鬱（そううつ）病	1,017（3.2%）	384（2.4%）	633（3.9%）
アルコール依存症	775（2.4%）	755（4.6%）	20（0.1%）
先天性・聴覚障害	337（1.0%）	190（1.2%）	147（0.9%）
先天性・視覚障害	201（0.6%）	126（0.8%）	75（0.5%）
奇形	94（0.3%）	45（0.3%）	49（0.3%）
舞踏病	60（0.2%）	37（0.2%）	23（0.1%）

て読んでいた主な新聞や雑誌を通して公に呼びかけ、強制断種の犠牲になったろう者の協力を求めた。最終的に、ビーゾルトはナチス体制下で断種された１２１５人のろう者から回答を受け取った。これらの回答をもとにした、ビーゾルトの調査結果は次のようなものであった。

1. 強制断種の犠牲となった生存者の内、54％が女性であった。
2. ほぼすべての犠牲者（95％）は、１９０１～１９２６年生まれであった。
3. 最も若い犠牲者は9歳の少女であり、犠牲者の最高齢は50歳であった。
4. 最も一般的な年齢は、22～30歳の間である。
5. 犠牲となったろう生徒の母校１０４の施設名を特定できた。
6. 強制断種はドイツ全土で行われたが、特にろう学校が立地する都市部において顕著だった。[37)]

ビーゾルトが集めた証言によれば、ドイツのろう学校長〔7〕の多くは断種法を奨励していた。ナチス体制に協力していた施設のなかには、ベルリン＝ノイケルン区の聴覚障害教育教員訓練校、ハイデルベルクのろう学校、ホンブルクろう学校、シュレースヴィッヒろう学校、ディリンゲンの女子聴覚障害職業訓練校、ヴィンネンデンの使徒パウリーネの家、があった。〔8〕

生徒たちの密告

ベルリン＝ノイケルン区の聴覚障害教育教員訓練校

１７８８年に設立されたこの訓練校は、最も古いというだけではなく、プロイセンにおけるろう教育教員養成のために設立された最初の施設でもあった。ゴットホルト・レーマン（Gotthold Lehmann）は、同校の校長兼教員養成課程の指導者であった。学校運営と学生指導の傍らで、レーマンは、科学・芸術・公教育担当のプロイセン州大臣に対して、将来の大学教員養成コースを提案する責務も担っていた。ナチス時代の初期に、彼は教員養成課程の第一年次に優生学関連のトピックを取り上げるよう提案した。「遺伝人類学とドイツ民族の育成」「遺伝および人種衛生学の理論」「遺伝病子孫予防法の施行におけるろう学校の共同」などである。[38)]

ナチスのイデオロギーと教員養成カリキュラムとの密接な関係は偶然ではなかった。レーマンは、ドイツろう教育教員組合がナチスの国民社会主義者教員連盟に統合される以前から、教員組合員であり、彼の学校において「断種法」の実施を積極的に奨励していた。彼は、監督下のろう生徒に関する情報を当局に提供し、生徒の両親に対して断種に同意するよう説得していた。レーマンは、１９３６年4月14日、ある生徒の悩める母親宛てに、自分の見解を説明するために一通の手紙を書いている。

お母様へ
ベルリン＝ノイケルン区の保健当局が、1936年4月6日付の手紙で断種法に基づいて、あなたの娘さんの判定結果を知らせてきました。それによれば、ノイケルン区立病院において二週間以内に断種手術の実施が決定されました。同封の申告書に署名をした上で、私に返送するようお願いいたします。私は、すでに14人の生徒に対し、断種手術の実施について指示しましたが、すべてのケースにおいて悪影響はありません。
ヒトラー万歳！

4か月もしないうちに、レーマンは娘の断種手術を拒否した母親に対し、再び手紙を書いた。レーマンは次のように書いている。「あなたの娘さんは、8月16日に健康な状態で病院から退院しました。手術は通常通り行われました。（中略）法律は、14歳以上の人の場合、両親や保護者の同意を得ずに手術が可能であることを規定しています。そういうわけで、この件について変更の余地はありませんでした。私は、子どもをもたないことが彼女にはとてもよいことだと信じています。（断種せずに）そのままなら、彼女の人生はかなりつらいものになるでしょう。[39]」

かつてレーマンの生徒であった人は、断種手術に抵抗した場合に、どのような暴力が振るわれたかについて述べている。ある男子生徒は、1938年11月に、14歳の誕生日を迎えて間もなく、彼の教師の勧めによりベルリンにあるルドルフ・フィルヒョウ病院で断種手術が行われることが告げられた。その少年は学校からの逃亡を3度にわたって失敗した後、警察に捕らえられ、手錠をかけられ、殴られた上、病院に移送され断種された。[40]

ハイデルベルクのろう学校

同様に、残酷な行為は、ハイデルベルクのろう学校でも起きていた。学校長のエドウィン・シンガ（Edwin Singer）は、大学病院の耳鼻咽喉科の外来で施設の医学実習生のホフマン（W.Hoffman）と共に勤務していた。かつて15歳のときに断種手術を受けた生徒は、ハイデルベルクでの彼の体験について、「他の生徒が休暇で寄宿学校からいなくなっている間に、校長の命令で、私と他の数人のろう生徒が強制断種のために連れ去られました。私は逃げ出したかったのですが、そのような機会がないこともわかっていました。彼らは、（逃げ出したりすれば）私が警察に連れ戻されると脅しました。まさに手術が行われるという時、私は大泣きしました。それは、自分の無力さをあまりにも感じたからです」と語っている。[41]

戦後、シンガは、彼が自分の生徒たちにしたことに対して、良心の呵責を決して表明することはなかった。彼は1946年、ある雑誌の記事の中で、「済んでしまった過去について、詳しく述べることはふさわしくない」とぶっきらぼうに答えた。1960年、当時の生徒が、断種をさせられた理由を尋ねるため、シンガに手紙を書いた。[42]

拝啓　エドウィン・シンガ校長

私が１９３５年４月10日水曜日に市立病院に行った際、何をするのかまったくわかりませんでした。それから金曜日までの２日間、私はベッドに横たわっていましたが、国民社会主義者でもあるカール・ガムシュターダ（Karl Gamstader）医師が、その日の午前10時に手術を行うと告げました。この医療助手は、私の腹部にひどいやり方で断種手術を行い、私を生殖不能にしました。１９３５年４月20日に、私は市立病院から退院させられました。

帰宅途中、私は弱って気が遠くなりました。私は苦しめられ、むごい扱いをされたと感じました。なぜなら、私は何も知らされていなかったからです。なぜ、あなたは口を閉ざして、断種が私を殺しかねないことであり、その誤った行為は、子どもを授かることを不可能にしてしまう犯罪なのだと教えてくれなかったのですか。

あなたは、私の兄弟や父母に対しても虐待しました。あなたは、私たちに何も警告しませんでした。私たちは、あなたの罪や、配慮のない専門家としての振る舞いを是認していません。断種は身体を無価値にしてしまいます。私は、自分自身の身体を本来のからだであると、もはや感じることができません。（中略）

なぜ、私は断種されなければならなかったのでしょうか。（中略）あなたは、私が子どもをもてなくなると正直に知らせることなく私の腹部を傷つけ、断種を行い、そして口を閉ざしています。（中略）私の人生の大部分が失われてしまいました。なぜなら、幸せな愛というものがもはや存在し得なくなったから。（中略）あなたに対して、人間らしい言葉はもはや当てはまりません。（中略）

あなたは、私に対する罪を負っています。あなたは、私を虐待しました。あなたは私を断種し、殺し、破壊し、その結果、私は子どもをもつことができなくなりました。あなたは、人間とは何かということを本当に理解していません。[43]

シンガは、81歳になってもなお、考えを変えることはなかった。彼は無遠慮に書いた。「あなたが、子どもをもたないという事実は、不幸なこととして理解されるべきではない。てんかん、ろう、盲目の子どもをもつよりも、子どもをもたない方がより良いことではないのか」と。[44]

ホンブルクろう学校

1933年、ホンブルクろう学校では、16人の教師が聴覚障害のある小グループの生徒を教えていた。ナチスのメンバーであったオスカー・ロニック（Oskar Ronigk）が、この学校長であった。この学校の卒業生たちは、ロニックがとても厳格な男であり、断種のために、日常的にナチスの保健当局へ生徒に関する報告を行っていたことを記憶している。

どの子どもを当局に報告するかは、学校の入学時登録書の記録によっていた。入学時登録書は、両親や保護者に対して子どもの「身体の状態」や「ろうの原因」を記入するよう求めるものであった。先天性ろうとの記録があれば、常に断種の対象になっていた。

ロニックは、彼の仲間であるナチス党員の指導に従って、生徒の家系図を活用した「遺伝病と家族の遺伝的伝達条件の研究」を行っていた。1934年9月20日、彼は入学したすべての生徒の両親に対して手紙を送った。そこには、「同封されている家系図をありのままに記入し、遅くとも1935年のイースターまでに学校に返信してください」と書かれていた。その後は送られてきた情報に基づいて、断種されるべき生徒を判定したのである。[45)]

シュレスヴィッヒ地方のろう学校

シュレスヴィッヒ地方のろう学校は、ゲオルグ・プフィングステン（Georg Pfingsten）によって、1787年に設立され、1931年までに14人のスタッフと121人のろう生徒が在籍していた。ヒトラーが政権を掌握した後、ナチスのメンバーで、ろう学校教員のハイデブレデ（Heidebrede）が学校長に任命された。彼は、ナチスの訓練を受けた経験から、同校においてナチスの政策を実行するよう生徒の両親や教員に強く求めた。彼は、次のような手紙を入学生の両親に送った。

私たちには1933年7月14日に制定された「遺伝病子孫予防法」の施行に責任をもつ教育機関として、法律の規定に該当する聴覚障害のある子どもに関する正確な情報を提供することが期待されています。この法律の第一条第二項によれば、「先天性ろう」が原因の人々が対象になっています。私たちの個別の医学的質問票では、ろうの原因についてわずかな情報しか得られませんでした。それは、子どもの教育の可能性を決定するためだけの目的で作られたものだからです。その点で、ろうが先天性なのか後天性なのかという区別は、ほとんどできません。それゆえ、同封の質問票に不足している情報をできる限り詳細に記入していただくよう、お願いいたします。

その情報は、法律の適切な施行にあたり、無条件で求められているものです。私たちがお願いしていることが、あなた方にとって決して軽々しく受け入れられるものではないことは理解しています。しかし、私たちは、あなた方がこれを機に、この法律の究極の目的であるドイツ国民の進歩に喜んで協力してくれることを願っております。あなた方の協力は、アドルフ・ヒトラー総統の偉業を成し遂げる上で価値あるものになるでしょう。（中略）ご承知のように、総統の理想とは、人種衛生思想がドイツ第三帝国の形成と拡張の礎石になるというものです。（中略）

ヒトラー万歳！[46]

質問票によって集められた情報に基づき、ハイデブリデは、何十人もの年少の生徒たちの情報をナチスの保健当局に知らせた。そして、当局は両親への通知や同意のないまま、即座に子どもたちに断種手術を行った。[47]

ディリンゲンの女子聴覚障害職業訓練校

1931年当初、98人のカトリックの少女たちがディリンゲンの女子聴覚障害職業訓練校に在籍していた。1936年、当時13歳の少女は、この施設で生活し、パン屋のアシスタントとして働いていたが、断種手術を自発的に受けるように促す手紙を受け取った。少女は、法律施行令第6条を引用し、その手続きに異議を唱えた。同条は次のように規定している。

当該者が、私費で民間施設に入所し、生殖行為を絶対に行わないという完全な保証がある場合、当該者の願い出により、手術の実施は、当該者が当該施設あるいは類似した施設に居住する限り延期される可能性がある。当該者が、法的に無能力者であるか、18歳未満である場合、法定保護者はそのような申請ができる。18歳の誕生日以前に延期が決定した場合、当該者はその日以降さらなる延期のために個別の申請が可能である。[48]

その少女は、断種手術を拒否することを可能とする法律の下で、その権利を完全に行使した。なぜなら、彼女は民間施設内で暮らし、働いていたからである。しかし、彼女はまだ18歳の誕生日を迎えていなかったので、保護者であり、ディリンゲン市長でもあったホーゲン博士（Dr.Hogen）に手術の免除申請を依頼する必要があった。

恐怖を感じた少女は、ホーゲンに助けを求めた。しかし、彼は、民間施設に関する免除条項を自らの判断で無視した。ホーゲン自身が彼女の保護者であるため、彼は、同施行令第六条により彼女への強制措置の適用を認めた。ホーゲンは、決定書類の裏に、「この件は解決済みだ。○○は、１９３６年12月14日にグンツベルク病院に引き渡された」と自署した。[49]

ヴィンネンデンの使徒パウリーネの家

ヴィンネンデンにある使徒パウリーネの家は、ろう生徒のための職業訓練校で、生徒はかご職人や仕立屋、靴職人、ブラシ職人になるための訓練を受けていた。審査対象となる76人の生徒の内、41人の生徒が断種法の各条項に該当するとナチスの役人に報告された。しかし、この数字は、ナチス党員でありナチスのイデオロギーに忠実な教師であるミューラー牧師が、彼の「ケア」の下にある子どもたちをナチスの拷問人に送るために働いた熱狂ぶりを表したものではない。[50]

ミューラー牧師の願望は、生徒たちが確実に断種されることであり、それは一人の少女が、職業訓練を無事に終え、施設を出ることになっていた際の手続きに見られる。シュトゥットガルト州政府の保健担当官であったアイァリッヒ博士（Dr. Eyerich）は、彼女を診断し、彼女の母親が「身体的にも精神的にも劣等である」と最初に結論づけた。ミューラー牧師も、彼女の父親が「精神の遅れが多少ある」ことを書類に記していた。しかし、同席した主治医は、「父親は（中略）私からすれば好ましくない印象があるが、彼はただ聴くことが困難なだけだ」と同意しなかった。[51]

両親は、彼らの娘は正常な聴覚をもって生まれたが、ビールの荷車に轢かれる事故に遭った後、7歳のときに耳が聞こえなくなったと申し立てた。ミューラー牧師は、この証言を信用せず、彼女の性格を中傷することで、彼女の断種手術に同意するよう医師を説得した。アイァリッヒ博士は所見で、「施設長の報告によれば、（中略）彼女は良い労働者ではなく大変軽薄であり、男の後について外出し、フォイエルバッハのろう男性となじみになった。それに施設内のろう者ともいちゃついている」と記した。数日後、アイァリッヒ博士はミューラー牧師が望んだような診断を下した。

診断結果：先天性聴覚障害

聴覚障害が遺伝性のものであるのかどうかという問いについては、明確には答えられません。おそらく、先天的な梅毒が原因で生じたのかもしれません。結果的に、その少女は、この法律の意味合いからして遺伝性の疾患とは断定できません。それにもかかわらず、私は断種を勧めます。なぜなら、私たちの所見では恐らく梅毒が彼女の劣等性の唯一の原因ではなく、それに加えて父親の聴力が極度に困難であることが挙げられます。父親と母親の両方が精神的に劣っています。○○が子どもを産むことは大きな危険を伴い、劣った子孫が生まれることは明白であろうと結論づけます。それに加えて、彼女が適切な方法で育児をすることはまったく不可能でしょう。[52)]

アイァリッヒ博士の「専門家としての所見」は、1934年12月7日、シュトゥットガルト第一地方裁判所に彼の推薦状と共に提出された。その後、間もなく、その若い少女は断種された。[53)]

別の事例では、パウリーネの家で暮らしていた14歳の少女の両親が、断種手術が行われた3日後に1通の手紙によってその事実を知らされたという。その手紙の内容は、次のようなものであった。

拝啓　〇〇様
私たちは遺伝衛生裁判所の命令により、あなたの娘が断種手術のためワイブリンゲン地区病院に水曜日から入院していることをお知らせします。彼女は、来週半ばか来週末にこちらの施設に戻ってくると言われています。　敬具
ヒトラー万歳！[54)]

ホァスト・ビーゾルトがナチス生存者から収集した次の報告書に示されているように、断種プログラムに参加したナチスの医師および管理者は、その後、厳格な手順を最小限に簡略化しようとしたが、犠牲者への影響は甚大であった。

女性、１９１８年生まれ。
私は１９３８年７月、ナチスによって強制断種させられました。それは、極度の痛みを伴う拷問であり、医師は膣の敏感な部分を指で圧迫しました。私は、激しい痛みに苦しみました。（中略）聴覚障害のある夫との結婚生活を通じて、私は始終、手術による痛みをかかえ続けています。今日でも、その痛みはしばしば極めて激しいものです。私は夫との性交中、ほとんどの場合、痛みを感じます。他の女性が愛する人との性行為による幸せを感じるのに対して、手術の傷跡による痛みは、私からすべての喜びを奪います。それは私が子どもをもてないという悲しみの原因になっています。私の知り合いは、みんな口を

そろえて尋ねます。なぜ、子どもを産まないのかと。[55]

女性、１９１４年生まれ。

私も、強制断種をさせられました。私の祖先は、どんな遺伝性疾患もまったく引き継いではいません。また、当時の私の婚約者も、私が遺伝学的な欠陥者ではないと話していました。１年後の１９３５年、オスナブリュック（Osnabruck）の保健当局には非常に幻滅させられました。手術後、約３か月が経ち、私の婚約者は婚約を解消しなければならないと私に告げました。彼は、今後の人生を「ヒトラー・カット」を受けた妻と共に暮らすことを受け入れられなかったのです。[56]

男性、１９１７年生まれ。

１９３５年、私は見習いの家具職人でした。私は断種を断固として拒否した後、ゲシュタポによって○○にある作業所から強制的に連行され、すぐに○○にある病院に搬送されました。そこで、私は強制断種させられました。私の兄弟で、ろうの○○は、第二次世界大戦の影響で断種を免れました。彼は２人の健康な子どもを授かりました。また、私の妹も幸せな結婚をし、７人の健康な子どもを授かりました。私は、いまだに断種に苦しめられています。そのような過酷な結果の運命に遭わなければならなかったのは、なぜ私だけなのかと疑問を抱いています。[57]

女性、1920年生まれ。

私は15歳の時、断種手術を受けるため××に連れて行かれました。不幸にも、腹の傷跡以外に、その事実を証言できる人はいません。（中略）時が経ち、私が子どもを産むことができないという理由で婚約者が結婚を解消した時、腹部の痛みは心の痛みに変わりました。そのようなことを三度経験し、私は人生からますます身を引いていきました[58]（中略）。


女性、1920年生まれ。

私はあなたに手紙を書いている今、子どもがなく、独りぼっちでとても寂しい思いをしています。私の夫は、1981年に亡くなりました。私は、とても不幸です。なぜ、ナチスは私に断種という残酷な行為を行ったのでしょうか。私は2人くらいの子どもは欲しかった。私が断種されるため東プロイセンの病院に強制連行されたのは、ようやく17歳になろうかという頃でした。[59]

ナチスの断種プログラムは、第二次世界大戦の勃発でおおむね終了した。1939年以降、断種された人は全体のわずか5％程度であったが、その年は、何千人ものろう者が情け容赦なく殺戮されたT4安楽死計画が開始された年であった。

あるろうの仕立屋で、聴覚障害の娘をもつ「C.W.」のイニシャルのみで確認された母親への処遇が、ナチス体制下の安楽死計画のもとでのろう者の運命の一例を示している。ドイツ保健当局は、30歳のC.W.に対して、1937年7月17日に断種を命じた。4年後、C.W.は彼女の働いていた作業所からミュンスターの精神病院に移送され、1941年の夏に殺害された。彼女の死亡診断書には、彼女の死因が「心臓病」と記載されていた。[60]

10代の時に、学校からハダマー収容所に連れて行かれ、強制断種を受けたろうの女性への処遇は、ろう者に対してナチスが犯した残虐行為のもう一つの事例を示している。1941年7月26日、そのろうの女性の姉妹はエルメンドァフ治療教育訓練センターの医師から、ある手紙を受け取った。

1941年7月25日、帝国国防委員会委員長の命令により、あなたの姉妹である○○は、公益患者輸送有限会社によって、私には名称と所在の知らされていない別の施設に移送されました。受け入れ施設から、あなたに対し文書が送られてくることでしょう。これ以上の問い合わせにつきましては通知を受け取られるまで、お控えいただくようお願い致します。[61]

二週間後の1941年8月1日、その女性の姉妹はハダマーにある州立病院・養護施設の所長から別の手紙を受け取った。

「拝啓 ○○様 あなたの姉妹である○○氏は、帝国国防委員会の指示による行政命令によって、私たちの施設に移送され、無事に到着されましたことをお知らせ致します。現時点では、帝国国防委員会に関連する理由により、訪問は許可されておらず、同様に電話による連絡も受け付けておりません。患者の様態の変化および訪問禁止措置の変更などがあったときは、すぐにあなたに通知されます。こうした措置のため、業務が増加していることから、これ以上の問い合わせを控えてくださるようお願い申しあげます。（中略）敬具　ヒトラー万歳！」[62]

それから3週間後、その姉妹は最後の1通の手紙を受け取った。

拝啓　○○様

１９４１年８月１日の手紙に続いて、帝国国防委員会の命令に関連し、私たちの施設に移送された○○様が、軍で蔓延する結核の影響で、肺結核の末、残念ながら１９４１年８月18日に不意に亡くなられたことをお知らせいたします。私どもの施設は、地域内の他施設に移送される患者の輸送センターとしてのみ指定されており、患者は感染症を患っていないかを確認するためにのみ、ここに滞在します。周知の通り、常に感染症患者が発見された場合は、感染病の発生と蔓延を防ぐために地元の警察当局が所持品を直ちに焼却し、消毒するよう命じています。このような場合、親族の同意は必要とされていません。施設に持ち込まれた所有物については、消毒の後、諸経費を負担するための担保として施設で保有されます。

（中略）

誠意をもって特にお知らせしたいことがあります。すなわち、消毒用の強い薬物による個人所有物の損傷を避けることはかなり困難だということです。通常、患者の所有物の配送や換金には、その価値以上に費用と時間がかかります。これらの所有物に対する要求を断念するかどうかの判断をお願いできないでしょうか。それが可能であれば、それらを国民社会主義者公益福祉部門や施設に収容されている収容者にお譲りできます。

あなたが骨壺を特定の墓地に埋葬することを望まれるのであれば、骨壺の移送費用は必要ありません。（中略）（しかしながら）個人に対する骨壺の引き渡しは、法律で認められていません。もし、この通知書が14日以内に返信されない場合、代理による埋葬が実施されます。そして、あなたが患者の所有物に対するあらゆる要求をしないものと考えます。（中略）当局に提出するための死亡診断書を同封します。

ヒトラー万歳！[63]

断種手続きをどうにか免れた人たちは、身体の尊厳に対する不可逆的侵害に関して拭い去ることのできない感情にも苦しめられていた。また、強制断種の体験からくるトラウマは、多くの結婚の破綻にもつながっていた。それに加えて、約4分の1の生存者は、強制断種が彼らに結婚を踏みとどまらせたと述べている。その結果、これらの生存者は「自分の子どもたちの愛情に支えられることなく年老わねばならず、孤独や寂しさといった先の見えない未来に対する」慢性的な不安にさいなまれた。多くの生存者はまた、ナチスによって植え付けられた深い恥辱感と劣等感の中で生きたのである。[64]

最終的に、障害者は強制断種によって子どもをもつという貴重な能力を奪われただけでなく、発展する障害文化の中に愛する人たちを参加させる機会をも失った。例えば、1930年代初め、ドイツでは聴覚障害者のための教育施設や高齢者施設で栄えたろう文化がみられた。ろうコミュニティの何千もの人たちに対する強制断種や死に至る労働により、ナチスはろうコミュニティをほとんど崩壊させてしまった（そして、ろう者は、彼らの子どもを通じて豊かな文化遺産を永続させることを妨げられたのである）。ドイツのろうコミュニティは、ナチス体制によってほぼ壊滅された状態からまだ完全には回復していない。

ドイツ政府が最初に断種を行い始めてからほぼ70年が経つが、優生学的な、あるいは差別的な傾向は、世界中の国々における障害のある人たちに苦痛を与え、彼らを辱め続けている。ジュネーブ大学教授で児童青年心理学の専門家であるジャック・ボニーチェ（Jacques Vonèche）は、「今日のスイスにおいても、こうした断種が非公式に実施され続けていることは明らかだ」と説明している。彼は、強制断種が両親や医師、さまざまな施設の指導者によって支持されていることを示唆している。スイス政府はこうした主張を否定し、連邦26州のそれぞれが公衆衛生に関する独自の決定を下す責任をもっているとして、政府としての責任を回避している。

【訳注】

〔1〕本章で引用されているロバート・プロクターの邦訳書は未刊だが、プロクターの邦訳書には『がんをつくる社

会』（平澤正夫訳）共同通信社、２０００年、『健康帝国ナチス』（宮崎尊訳）草思社、２００３年がある。

〔2〕ドイツにおける優生学の起源となった19世紀後半からの社会動向について、体系的にまとめられた著書として、以下を参照されたい。マーク・B・アダムズ編著（佐藤雅彦訳）『比較「優生学」史―独・仏・伯・露における「良き血筋を作る術」の展開―』現代書館、１９９８年。

〔3〕ジョゼフ・アルテュール・ド・ゴビノー伯爵（Joseph Arthur Comte de Gobineau １８１６年7月14日―１８８２年10月13日）は、フランスの貴族主義者、小説家、文人である。『諸人種の不平等に関する試論』（Essai sur l'inégalité des races humaines）（１８５３〜１８５５年）の中で白人至上主義を提唱し、アーリア人を支配人種と位置づけたことで知られる。

〔4〕本書の邦訳は、森下直貴・佐野誠『「生きるに値しない命」とは誰のことか―ナチス安楽死思想の原典を読む―』窓社、２００１年に所収されている。

〔5〕国民社会主義者ドイツ医師同盟（NSDÄB）は、１９２９年8月のナチ党第四回大会で結成された。結成当時には50人の医師が参加、１９３５年にはドイツの医師６２００人中５０００人を組織するに至った。（日野秀逸「ナチスと医師・医師会・社会保険―歴史的教訓は何か」『月間保団連』２０１０年8月、参照）

〔6〕この協定は、１９３３年7月20日にドイツとバチカンとの間で結ばれ、同年9月10日に発効したコンコルダート（Reichskonkordat、政教条約）のことを指す。ナチス政権が成立した１９３３年当時のドイツでは、総人口の95％がキリスト教徒であり、2大宗派であるプロテスタントとカトリックの比率はおよそ2対1であった。ナチスはこの条約締結を、バチカンがナチズムを承認したとして大いに宣伝材料としたが、同条約締結後もナチスによるカトリック教会への弾圧は継続していた。ナチズムとキリスト教の関係については、以下を参照されたい。河島幸夫『ナチスと教会―ドイツ・プロテスタントの教会闘争―』創文社、２００６年。

〔7〕本書の原文では、The Institute for the Deafとあるので、学校ではなく「院（聾唖院）」と訳すのが適当とも考えられるが、当時のドイツの聴覚障害教育は学校教育（統一学校に対して、その底辺に位置づけられた補助学校であるが）に位置づけられ、義務制にもなっていたので、学校という訳語をここでは当てておくことにする（荒

川智『ドイツ障害児教育史研究』亜紀書房、1990年を参照)。

〔8〕ナチス政権下で結成された成人聴覚障害者、聴覚障害教員の全国組織は、ナチスの大衆団体として公然たる党籍者およびシンパによって指導層が占められていた。その中には障害児学校教員も多数いたことが確認されている(中西喜久司『ナチスドイツと聴覚障害者―断種と「安楽死」政策を検証する―』文理閣、2002年、57ページ他)。

第4章

加害者と共犯者

FORGOTTEN CRIMES

私は殺害をするよう命じられたのです。私が再び尋ねられたとき、殺害してはならないことだとわかっていたのに、なぜ私は拒まなかったのでしょうか。この問いに対する答えが見つかりません。私は過去にしたことに対する罪深さを感じていますが、拒むことができなかったという事実に対して、理屈をつけることは不可能です。私は単に命じられ、その命令を実行するほかなかったのです。

エルナ・エルフリーデ、200人の患者の殺害で告発された看護師

私はそんな質問を考えもしませんでした。（アートゥア・）ネーベが私に、彼の管轄内の精神病患者を殺害する命令があるのだと伝えたあと、私はそんなことを考える余地はありませんでした。

アルベルト・ウィドマン、T4作戦の化学者

T4作戦の管理官たち

ナチスの医者たちは、障害のある患者の殺害において中心的な役割を果たしたが、何千人もの管理官、監督官、看護師、化学者、そして研究者がおり、彼らもまた安楽死計画で極めて重大な役割を担っていた。

T4作戦は、医者以外では、16人の男性たちによって管理されていた。ヴィクター・ブラック、ヴェァナ・ブランケンブルク、ディートリッヒ・アラース、ハンス・ヨアヒム・ベッカ、ゲァハート・ボーネ、フリー

ドリッヒ・ハウス、ハンス・ヘーフェルマン、リヒャルト・フォン・ヘーゲナ、アドルフ・カウフマン、フリードリッヒ・ロレント、アーボルト・エールス、フリッツ・シュミーデル、ウィリー・シュナイダ、ゲァハート・ジーベァト、フリードリッヒ・ティルマン、そしてラインホルト・フォアベァクである。

ヘンリー・フリードランダーが説明しているように、シュミーデルを除いて、これらの男性全員は、ヒトラーが政権を握った1933年当時、20代から30代の青年であった。彼らは皆、中流家庭で堅実な生活を送ってきた。さらに、T4管理者のほとんどは十分な教育を受けており、そのうちの5人は上級の学位をもっていた。その他の者は、機械工としての訓練を受けたカウフマンを除いて、中等学校を終えたあと何かしらの実務教育を受けている。しかし、おそらく最も重要なことは、ナチスが政権を握ったときには、この中の誰一人として、生涯の職を見つけている者はいなかったということだ。[1)]

これらの管理者たちにとって、T4作戦内で仕事を遂行することは、権力に近づくことであり、ナチス体制内での昇進可能性をもたらすものであった。彼らが選ばれるにいたったのには、さまざま要因があり、党員資格、交友関係、技能、縁故などがあった。例えば、ブラックは、ハインリヒ・ヒムラーの個人運転手からフィリップ・ブーラの助手にまで昇進した。そのとき、ブーラは歓喜力行団（KdF）〔1〕の設立を支援しており、彼はブラックを副官と定めていた。ヴォルベルグはブラックの従兄弟で、フォン・ヘーゲナは帝国衛生局の局長であるハンス・ライタの義理の弟であった。その他の男性たちも、主にナチスへの忠誠心や個人的関係に基づいて採用されていた。[2)]

T4作戦の管理者はしばしば「官僚主義的な殺人者」（ドイツ語ではSchreibtischtäter〔2〕あるいは、英語では、「机上の殺人者」という訳出ができる）として、研究者たちから見なされている。一部の研究者は、これらの官僚のなした仕事は、殺戮計画全体を構成する小さなステップであったと主張している。しかし、フリードランダーが主張するように、この分析は「実際の殺戮場所から遠く距離を置いていたことを示唆する」が、たとえばブラックやブランケンブルク、ボーネ、ヘーフェルマン、フォン・ヘーゲナ、そしてヴォルベルグは皆、ブランデンブルクの最初のガス殺場に同席していた。

そして、カウフマンは、ガス室と焼却炉を設置しただけでなく、6つの殺害施設のうちの五つの施設で、非医療スタッフを雇い、殺害過程の秘密性と効率性を確保するために、これらの施設を定期的に視察していた。同様に、ディートリッヒ・アラースは、T4作戦に関わるセンターを頻繁に訪問しているし、ヴォルベルグは、障害のある人が何千人もの殺戮されたグラフェネックで数か月間も居住していた。

T4作戦の事務部の長についたティルマンは、作戦における複数の事務管理者による月例会議で議長を務め、少なくとも一度はガス殺による大量殺戮に立ち会っている。[3)]

監督官たち

クリスチャン・ヴィルトは、T4作戦に関わる「最も重要な非医学監督官」であると言われている。彼はすべてのT4施設の監督権限をもっていたが、彼は、ハートハイムでほとんどの時間を過ごし、そこのスタッフ等職員全体の長を務めた。[4)] ヴィルトは安楽死計画の「成功」のためにあらゆる手を尽くす残酷で残忍な男であった、とすべての情報が述べている。彼は一度、4人の女性患者が障害のためにガス室に入ることが困難であるということで、銃殺もしている。[5)]

フランツ・シュタンゲルもまた、ヴィルトのようにハートハイムで働いており、最初は秘密保持の中枢として、のちにライヒライトナーがヴィルトの後を引き継いだ際、ライヒライトナーの副官となった。シュタンゲルは、のちにベルンブルクに配置され、1942年の春には、T4スタッフのグループを東部の殺害施設に移動させ、ゾビボール、そして後にトレブリンカ収容施設の指揮官になった。

ヤコブ・ヴォーガーは、1897年に生まれ、1933年にナチス党と親衛隊に加わり、グラフェネックの監督者を務めた。ヴォーガーは、1936年には、シュトゥットガルト刑事警察（Kripo）の捜査巡査部長に就任し、1938年には保安警察（Sipo）の捜査官となった。グラフェネックに勤めたのち、ヴォーガーはもとの警察職に戻っている。

ヘァマン・ホルツシューは、グラフェネックでヴォーガーの副官であり、彼は、1907年に生まれ、1933年にナチス党と突撃隊に加わったのち、1939年に突撃隊から親衛隊に移動した。彼は、1940年にヴォーガーによってT4作戦に採用され、1941年2月には登録官の長としてベルンブルクに移った。ヒトラーが1941年にT4作戦の停止命令を出した後、ホルツシューはキエフの秘密警察の地位を得て、T4作戦から退いた。

他の監督官についてはあまり知られていないが、そのほとんどが警察官として従事し、おそらく全員が親衛隊のメンバーであったことがわかっている。監督官たちは、記録保管、秘密保持、連絡文書、登録、人事を担当し、虐殺過程の開始から終了までのあらゆる側面で、彼らは深く関与したのである。[6)]

フリードランダーによると、T４監督官のほとんどは、「重要な出来事の中心に関与しており」「歴史の進歩の一部に関わっていることを誇りに思っている」と信じていたという。フリードランダーは、グラフェネックの監督官であったハンス・ハインツ・シュットを代表例として挙げている。シュットは、義理の兄弟に宛てた手紙の中で、「ドイツ人としては過去に経験したことがない時代」を過ごしていることに歓喜し、「この勝利はヨーロッパの、いや全世界の未来さえも決める。そして、この勝利者はアドルフ・ヒトラーだ。（中略）神の御加護は、総統の功績とともに、私たちのイデオロギーの正しさを証明してくれる。（中略）私たちは、神の御加護とともに、司祭の祈りもないが、偉大なる新たなドイツの時代を迎えているのだ」と書いている。[7)]

看護師たち

また、看護師たちは、T４作戦と子どもたちの殺害計画の両方で中心的な役割を担った。戦後、それまで補助していた医師たちについて行こうとした看護師もいた。また、殺害に関与するにいたるイデオロギー的な動機を強くもっていた看護師もいた。しかし、他の多くの看護師は、アンナ・カツチェンカのように、まったく何の動機もなかった。カツチェンカには、イデオロギー的な熱意が欠如していたにもかかわらず、彼女はウィーンの小児科診療所で、数百人の幼児や子どもの殺戮を手助けしたのだった。[8)]

カツチェンカは、1905年にオーストリアで生まれ、3年間、看護学校に通ったのち、ブリギッタ病院の産科病棟、カロリング小児病院の感染症病棟、および高齢者施設で働いた。彼女はユダヤ人の医学生と1920年に結婚したが、その1年後、離婚した。その後、彼女は軽度のうつ病に苦しみ、精神科医のエアヴィン・イェケリウスのもとに、治療のために送られた。彼女は、イェケリウスに対して親密な感情を抱いた。

1941年に彼女は、イェケリウスが主任を務めていたシュタインホーフ病院にあるアム・シュピーゲルグルント小児棟[3]で働き始める。イェケリウスは、子どもの殺害計画のことを彼女に伝え、障害のある子どもへの致死薬注射をいとわないかどうかを尋ねた。カツチェンカは同意した。しかしながら、イェケリウスが、最初、まったく「望みのない」子どもたちだけを殺害することになると彼女に確約していたと、のちにニュルンベルク裁判の取調官にカツチェンカは話している。イェケリウスが他の病院に移ってからも、イェケリウスの後継者であるエァンスト・イリングの指示のもと、彼女は障害のある子どもを殺害し続けた。

戦後になって行われた精神鑑定では、カツチェンカは知的で正気であることが明らかになったが、彼女は非常に影響されやすく、イェケリウスの賛同に大きく頼っていたと鑑定された[9]。

殺戮に関わった看護師たちの理由はさまざまであった。以下は、ナチスの時代に、ミゼリッツ＝オブラヴァルデ精神病院で働いていた看護師たちによって、少なくとも1000人の障害のある人が殺害されたという説明である。

ヘレーネ・ヴィチョレック（数百人の患者殺戮で訴えられた）

グラボフスキー所長が、私たちに、先輩の看護師を助けるように言いました――それは、先輩たちにとって手に負えないことで、私たちも注射をしなければならなかったのです。最初、私は拒みましたが、所長は、何年も公務員をやっているのだから拒否することはできない、とりわけ戦時下であるのだからと言いました。また、所長は、不治の精神病患者が苦しみから解放されるというのが法律なのだと付け加えました。（中略）私は自分の義務を果たしただけで、上司の指示のもとですべてを行ったにすぎません。グラボフスキー所長は、いつもゲシュタポをちらつかせて警告していました。もし私たちが彼の指示に従わなければ、ゲシュタポに通報すると言うのでした。[10]

ルイゼ・エァドマン（200人以上の患者殺害を幇助したことで訴えられた）

ヴェルニッケ博士の言動から、私は、不治の患者たちがベロナール（催眠剤）か他の薬を投与されることで、苦しみから解放される、と理解していました。ヴェルニッケ博士からも施設の誰からも、私は安楽死について知らされていなかったと明言します。この点に関して（看護師あるいは公務員として）、私は守秘義務を宣誓させられていなかった。（中略）私の意見では、世間は私が安楽死を当然と認めていると考え、そう信じているというのでしょう。

私の安楽死に対する姿勢は、仮に自分が不治の病気になった場合――身体的な病気も精神的な病気も私には差異がなかったですが――もし医師か、医師の指示によって誰かが私に薬を与えれば、すべての苦しみから解放してくれると考えています。私の安楽死に対するこうした姿勢の一方で、この問題に直面したときには、深刻で内面的な葛藤と戦ってきました。当時、私が経験していた安楽死は、結局のところ殺戮であり、法律制定者が人々の殺害を命じたり、許可する権利があったのか、自らに問うことになりました。

しかしながら、私は安楽死に対応する法律について耳にしませんでしたが、他方、モーツ博士は、そのことについて一度、そのような状況になっても心配する必要はない、彼は私をかばってくれると説明してくれました。この言葉から、私は安楽死に合法性があるに違いないと結論づけました。（中略）私が殺害に関与し、つまり内面的な姿勢と信念に背いたとき、私は医師の指示に厳格に従うことに慣れてしまい、このことが起きたのだと考えます。

私はそのように育てられ、教え導かれてきました。看護師や病院の用務従事者としては、医師ほどの教育レベルがないので、医師の指示が正しいかどうか、誰も評価できません。医師の指示に従うという日常的な過程は習慣化され、自分の考えが消えてしまうほどでした。

アンナ・G（150人の患者殺害で訴えられた）

私はキリスト教徒として育てられたのは真実ですし、私は一生、キリスト教を信じてきました。その一方で、私は仕事の間、とりわけ精神病棟では、残酷で悲惨な状況を目にしてきたし、終末期に至るまでのあらゆる異なる病気を見てきました。これらの経験から、私は殺害を慈悲と解放の行為として考えてきました。(中略)私はここに、誰も参加を強制されたことはないと宣言します。

マータ・W(150人の患者殺害に関与したことで訴えられた)

私はいつも、安楽死に対して不賛成を唱えていました。私は、看護師の仕事を通じて、以前とても敬愛している人たちだった多くの患者が、精神病院に送られていくところを目の当たりにしました。私にとって、病気のせいで人を殺すことは、とても不公正なことでした。カトリック教徒として育てられ、戒律が私の信念であるという事実に照らして、非難されるなら、それは正しいことです。

人々への侵襲は許されないということは、今日まで、私の信念です。それにもかかわらず、私は殺害に関与し、戒律と私の信念に逆らって、私の良心を深刻に苦しめてきたと認識しています。私が唯一説明できることは、看護師たちは大きな精神的重圧のもとに置かれていたので、十分に考える時間がなかったということです。

エァナ・D

どうか私を信じてください。私は(殺害を)自ら進んで行ったわけではありません。そんなことをひどく嫌う人間なのです。もう一度言わせてください、私は自ら進んでしたわけではありません。実際、私は(殺害を)なぜ拒否しなかったのかは言えません。

マーガレーテ・T（150人の患者殺害で訴えられた）

私はキリスト教徒として育てられ、私は今でも敬虔な人間で、可能な限り定期的に礼拝に参加しています。だからこそ、U1病棟で殺害が開始されたとき、私は深い罪悪感を覚え、今日でもそれが続いています。（中略）私は、若い頃から何年もの間、看護師として働いてきたので、厳しい服従を教えられてきました。規律と服従は看護師にとって、最も守られるべきルールでした。私たちは、私も含めて皆、医師や看護師長、病棟の看護師たちの厳格な命令に服従し、これらの命令の正当性について私たちは意見しなかったし、できませんでした。（中略）

当時、私は、一方では公務員として守秘義務を守り、他方では与えられた命令に従う義務がありました。私は、その当時、自分自身の意見と公務員であるという事実との矛盾の中で生きていたのです。一方で私は、U1病棟に収容されている精神障害のある人だけではありましたが、人々が殺害されるのを見て、不公正であり、なぜ殺害が行われているのか自問しました。

他方で、私は、公務員として自分の仕事を義務づけられ、命令を避ける可能性は見いだせませんでした。（中略）もし、人々は私が窃盗を命令されたら従うかと問うでしょうが、私はそれをしないだろうと言います。しかしながら、私は精神障害のある人たちを殺害するために投薬する様子を見てきたし、私はそれを拒むことが許されませんでした。もし拒めば、看護師や公務員の仕事を解雇される、それが私の拒否しなかった理由でした。

ベルタ・H（35人の患者殺害に関与したとして訴えられた）

言い換えれば、あのとき私が考えていたことは、実際に自分の手で殺害しなければ罪に問われることはないだろう、ということでした。私の良心に対して、私はいつも罪悪感を少し覚え、できるだけすべてのことを忘れようとしました。

マーサ・エリザベス・G（28人の患者殺害で訴えられた）

当時、私は殺害への罪悪感を覚えていました。私自身が殺害したわけではありませんが、私は手助けをしたことで、罪悪感を抱いていました。私はただ、普通の看護師として（中略）そして法的に言えば、私は殺害に巻き込まれていたことに気づきもしませんでした。私が殺害を手助けしなければなかったとき、それは無理やりさせられただけで、殺意などまったくありませんでした。（中略）

あのとき、オプラヴァルデで、もし仕事を拒んだら、誰も私たちを助けてくれなかっただろうし、自分の気持ちを誰にも打ち明けることはできませんでした。そして、信じられる人は誰もいませんでした。いわば奴隷のように、私たちは完全に、支配者による慈悲と政治的行為の言いなりでした。

イーディト・B

私は噂を聞いて、U2病棟で患者の殺害が行われていたのは知っていました。その病棟に私が移した患者は殺害されるように運命づけられた女性でした。私は何の間違いもないと思っていました。

ゲァトルーデ・F（5人の患者殺害で訴えられた）

私は、薬を用意していたとき、私は法的結果に関する知識はありませんでした。患者への投薬準備は、私の職務のうちの一つで、それが自らの犯した過ちに気づかなかった理由の一つでした。私の仕事と殺害との直接的な関係が、わかりませんでした。加えて、私は何年も精神障害者施設で働いてきたことを考慮していただかねばなりません。また看護師は、上司、上級看護師、医師、最後には施設長に厳格に従う義務があったことも考慮されるべきです。その上、私たちの病棟では私が一番若かったのです。今日まで、私は自分の犯した罪をまったく自覚していません。[11]

化学者たち

T4作戦では、障害のある人たちを殺害するために有毒ガスが使われたため、管理者たちは、化学者たちの専門技術に大きく依存していた。そして、これらの化学者は、何の疑いもなく薬物を手に入れることができるため、非常に有用であった。とりわけ、アルベルト・ウィドマンとアウグスト・ベッカの二人の化学者は、T4殺害計画において重要な役割を果たした。

ウィドマンは、1939年秋、殺害方法に関する協議に参加し、大量殺戮の方法としてガスとダイナマイトの実験が行われた初期段階から関与していた。彼は、事務所を通じて、T4殺害施設で使用するためのガスと毒薬を入手した。彼は、小児殺害病棟での子どもの殺害と「野生化した安楽死」に必要な薬物を確保した。

戦後、ニュルンベルク裁判の尋問者が、障害のある人たちの殺害が戦争の遂行とどのように関連したのかとウィドマンに尋ねたところ、次のように、単純に返答した。「私はそんな質問を考えもしませんでした。(アートゥア・)ネーベが、私に管轄内の精神病患者を殺害する命令があるのだと伝えたあとでも、私はそれについて考える余地はありませんでした[12]」

アウグスト・ベッカは、1933年に化学の博士号を取得してから、大学院の助手として2年間、大学に留まった。彼は1930年にナチ党に入党し、1931年に親衛隊に入隊、そして1935年には親衛隊特務部隊の一つである「ゲルマニア連隊(SS-Standarte Germania)」に軍曹として参加した。彼は1938年後半まで親衛隊におり、その後、新たに創設された帝国保安本部(RHSA)での仕事に割り当てられた。

1939年の12月には、帝国保安本部は、ブラックの要請を受けて、ベッカをT4作戦に出向させ、技術的な支援を提供し、ガス処理に関する専門知識を共有した。ベッカはのちにその仕事を、「私は病院と養護施設の精神病患者を殺害する間、毒ガスの専門家としての役割を果たした」と記している。ベッカはしばしば手続きについてウィドマンに相談し、ブランデンブルクでのガス殺実験に参加した。また、彼は、一酸化炭素の容器をルートヴィヒスハーフェンにあるイー・ゲー・ファーベン化学会社からいくつかのT4殺害施設に輸送した。

その後、ベッカはブランデンブルクでのガス実験で、イァムフリート・エーベァルが、あまりにも早くガス容器を開けてしまったために、「シュー」という大きな音を立てたことを思い出した。ベッカはエーベァルとその他の者に、患者を怖がらせないようにガス弁をゆっくりと静かに開ける方法を示した。「それ以来、精神病患者の殺害は問題なく進行した」と誇り高く語った。[13)]

封鎖された国境

ナチス政権下でのT4作戦と14f13作戦による大量虐殺から逃れるため、何千人もの障害のある人たちは、ナチスの憎しみの対象とされた人たちと同じように、スイスに逃げ場を探し求めた。彼らの行動は理解できることである。スイスは中立的で国際的な避難場所として伝説化していた。しかし、この伝説は神話でしかなかった。

第一次世界大戦以降、スイス国内では外国人嫌いの考え方が蔓延し、障害のある人たちが国家を「弱体化」させていくのではないかと、激しい恐怖が広がった。ドイツと同じようにスイスでも、人種衛生学が「自明の理」となった。スイス人にとって、ダーウィン理論の人間における「質」は、健全な人口政策にとっての唯一の基準であった。

1920年代、各州におけるさまざまなコスト抑制の取り組みの一環で、多くの障害のあるスイス国民がドイツに「治療」のために送られた。そして、これらの人々のほとんどが帰ってくることはなかった。私たちは彼らの運命がどうなったのかを確信することはできないが、彼らのほとんどが安楽死施設で殺戮されたと推測するのが理にかなっていよう。

1933年、スイス連邦政府（Eidgenössische Behörde）は、市民難民（Zivil-flüchtlinge）を二つのカテゴリーに分けた。政治難民（Politische Flüchtlinge）には、一時的にではあるが、毛布が与えられた。他のすべての普通難民（Gewöhnliche Flüchtlinge）の入国は制限された。難民の大洪水（überfremdung）やこれによるスイス人口への悪影響に対するさらなる懸念が起き、スイス政府当局者はすべての「望ましくない」人たちの入国を禁止した。

1938年、スイス連邦政府は、ドイツ政府に対し、その人の出自を示す特定の記号をパスポートに押すように通達した。結果的に、数え切れないほどの難民が国境を越えることができず、ナチスのもとに返された。スイスによって返された障害のある人の数は、ユダヤ難民の15〜20％にあたる障害のある人たちと、障害があることを理由にナチスの直接的な標的となった被害者の両方が含まれていた。[14]

難民政策の監督は、政策立案を行う連邦参事会〔4〕と、国境付近の道路を警備する国境警察が担当した。これら二つの機関の間では、移民制限のための広範囲にわたる試みがなされ、その規制は絶えず強化された。このとき、スイスは、国家史上で初めて、査証（ビザ）を必須要件に加えた。1939年10月7日、連邦法第9条は、スイスに不法入国したすべての迫害者を強制退去することを規定した。1942年10月13日、わずか3年足らずで連邦参事会は、有効な査証なしにスイスへ入国しようとしたすべての個人に対して、祖国へ即座に送還することを布告した。その6か月後、1942年から1943年にかけての冬、スイスの国境は完全に封鎖された。[15]

それから間もなくして、1943年の3月12日、スイス政府は、1942年8月以降に入国したものの祖国へ送還されなかった難民を拘留するため、難民キャンプのネットワークを拡大した。身体や精神に障害がある難民は、病院や療養所に隔離されたが、その他の難民は働かされた。

たとえば、ギーレンバード（Gyrenbad）で拘留されていたある難民は重労働を課せられ、食糧を最小限に抑えられ、藁や土の上で寝ることを余儀なくされた。彼はのちに、隔離された農場へ働きに出された。彼がポリオにかかっていたことや、ひどく歪んだ足に装具をつけていたという事実は、スイス政府にはどうでもよいことであった。[16)]

スイスにおける優生学

1925年の早い時期に、スイス民法典は「精神の不完全な状態にある者は、絶対に婚姻することができない」と規定した。この法律は「あらゆる精神障害を被る人」にも適用されないという注釈が添えられていたが、実際のところ、その解釈は極めて幅広かった。たとえばこの民法典のもとでは、事務処理が十分にできる能力がある人でも、「精神病」と見なされれば、婚姻することを禁じられた。しかし、スイス連邦政府は制限的な婚姻政策をやめなかった。スイス連邦政府は、人間の生殖の領域を侵したのである。

スイス東部のヴォー州は、障害者が生殖に「適さない」という信念に基づき、障害者の強制断種を認める法律を1928年に制定した。この法律は、ヒトラーによって注目され賞賛された世界で最初の法律の一つであり、ヴォー州とベルン州の政府は「ふしだらな白痴」の断種を要求あるいは容認する一連の法律を定めた。ヒトラーはスイスの法律を大いに支持し、ナチス・ドイツの断種政策の基礎として利用したのである。

スイスの障害者断種政策と相まって、婚姻を制限する法律は、障害者に壊滅的な影響を与えた。ローザンヌ大学のハンズ・ウルリッヒ・ヨースト（Hans Ulrich Jost）教授は、多くの障害のある患者が１９２８年の法律の犠牲になったとし、そのうち10人に９人が女性だったことを明らかにしている。しかし断種は概して、別の医療処置中に行われたため、スイスで何人の障害のある人たちが強制断種されたか、正確に推定することは難しい。[17]

【訳注】

〔１〕歓喜力行団とは、ナチス・ドイツの余暇組織であり、ＫｄＦは“Kraft durch Freude”（「喜びを通じて強さを」）の略称である。また、この歓喜力行団は１９３０年代後半に日本でも、在日ドイツ人向けに活動し、さまざまな催しの機会を提供していたとされる（田野大輔「日本の歓喜力行団：厚生運動と日独相互認識」『甲南大學紀要・文学編』第１６１巻、２０１１年、１０９－１２１ページ）。

〔２〕机上の殺人者として関与した専門家たちは、その多くが「戦後もその過去を暴露されることなく、同じ専門家として輝かしい人生行路を歩み、（西）ドイツの経済復興に貢献してきた」とされる（谷喬夫「東方支配と絶滅政策」『法政理論（新潟大学）』, Vol.39, No.4, ２００７年、６５０－６８６ページ）。

〔３〕シュタインホーフ病院にあるアム・シュピーゲルグルント小児棟は、オーストリアのウィーンにあり、同院のスタッフほぼ全員が戦後もそこで働き続け、１９８０年代の初めまで患者たちを虐待していたことが、オーストリア当局によって公表されている（「ＡＦＰ通信」２０１７年３月15日）。

〔４〕スイス連邦政府における連邦参事会（Schweizerisher Bundesrat）は、行政権を担当する内閣を指している。

第5章
残虐行為のあとで

FORGOTTEN CRIMES

1939年9月から1945年4月までの間、被告人たちは（中略）非合法に、故意に、そして意図的に人間性への犯罪に加担した。これらの犯罪は、ドイツ管理委員会法第10号（Control Council Law No.10）第2条を根拠とする。

被告人らは、ドイツ第三帝国のいわゆる「安楽死」計画の遂行に、主犯としてのみならず、命令し、幇助し、部分的に承認するなどの形で参画した。その過程で、被告人は何十万人もの人間、そのなかには他の国の市民と同様に、ドイツ市民を含めて殺害したのである。

ニュルンベルク軍事裁判所

ドイツは1945年5月に連合国側に降伏した。戦争は終結したのである。しかし、障害者の殺害は、ドイツの医師が米国陸軍のロバート・エイブラムス（Robert E. Abrams）に証言したことからもわかるように、戦争後3か月たった後も終わっていなかった。戦後、故郷であるカウフボイレン（Kaufbeuren）に戻ったこの医師は、戦争が終結した後も、精神科医たちが、地方の収容施設で患者たちを殺害していることを目撃していた。

エイブラムスはこの情報を追跡し、カウフボイレンの精神科医らが、依然として患者たちを組織的に殺害していることを確認した。実際、収容施設に派遣された米国の調査官は、72時間以内に殺され、まだ火葬されていないいくつかの患者の遺体を発見した。彼らは1944年8月から1945年8月にかけて、収容施設内の患者の25％以上が薬物注射または飢餓のいずれかによって死亡していることを見いだした。[1)]

また、米軍将校たちは、１９４５年9月、エグルフィング＝ハール（Eglfing-Haar）の病院の調査中に凄惨なものを発見している。彼らは、障害のある子どもたちを殺すための「餓死のテント」と呼ばれた病棟で、20人の子どもがゆっくりと死を待っているのを見つけた。アメリカ軍将校たちが到着したときには、この病院の院長であったヘァマン・プファンミュラーはすでに逃走していた。しかし、彼は多くのファイルを残し、彼の後継者であるフォン・ブラウンミュール（Dr. von Braunmuhl）に焼却を託していた。しかし、フォン・ブラウンミュールは、ヘァマン・プファンミュラーを戦争犯罪者として起訴するために、その資料を米国政府に引き渡した。フォン・ブラウンミュールは、米軍のアレクサンダ少佐に、プファンミュラーは、「患者たちを殺すことを楽しんでいた『残虐な同僚』で、患者のことを『肉の塊』と呼んでいました」と証言した。プファンミュラーの証言ファイルは、ナチスの「安楽死」計画の制度的歴史と政策を再構築する上で貴重な資料となっている。[2)]

ニュルンベルク

１９４６年、アメリカ、イギリス、旧ソビエト連邦、そしてフランスの連合国はニュルンベルクの司法裁判所で戦争犯罪に関する法廷を開いた。おそらく最初で、最も悪名高い裁判は、ウィルヘルム・フリック内務大臣など、主要な戦争犯罪人を裁くものであった。その後、ニュルンベルクの国際軍事裁判（ＩＭＴ）

では、さらに12の継続裁判が行われた。

その最初の裁判は、『アメリカ合衆国とカール・ブラントら』（*The United States of America v. Karl Brandt, et al*）〔裁判記録〕であった。これらの裁判は、23人の被告のうち20人が医者であったことから、「ニュルンベルク医師裁判」として知られている。この医者のなかには、カール・ブラント、ヴィクター・ブラック、フィリップ・ブーラらが含まれていた。

起訴状は次の四つの罪状から構成されていた。第一に、被告が戦争犯罪と人道に反する犯罪に共謀したことである。戦争犯罪は、「戦争の法規及び慣例違反に基づく人間または財産に対する残虐行為あるいは犯罪」として、連合国軍の部隊指揮官の同意の下、ドイツ管理委員会法第10号に定義されている。人道に対する犯罪は、「殺人、絶滅、奴隷化、国外退去、投獄、拷問、レイプ、あるいは、いかなる非人道的な行為も含み、かつ、それに限定されない残虐行為である。また、政治的、宗教的、人種的な理由による一般市民に対する迫害行為」と広く定義されている。

第二の罪状は、不同意な被害者に行っていた医学実験に関するものである。この記述は12のパラグラフからなり、医科大学に骨格コレクションを作るというだけの目的で、１１２人の個人を殺害したことが記述されている。

第三の罪状は、被告が行った人道に対する特殊犯罪についてである。

１９３９年９月から１９４５年４月までの間に、被告たちは、（中略）違法で、意図的に人道に反する犯罪をおかした。人道に反する犯罪はドイツ管理委員会法第10号の第2条により規定されているとおりである。そして、彼らは、ドイツ帝国の「安楽死」計画の首謀者、補助者、扇動者、同意者であった。加えて、被告人は何十万人をも殺害し、そのなかには外国人と同様、ドイツ市民も含まれていたのである。[3)]

最後の第四の罪状は、カール・ブラントとヴィクター・ブラックおよびほか8人の被告人らを親衛隊（SS）のメンバーであったとした。親衛隊は、「国際軍事裁判の第一の事例」において、すでに有罪判決が下されていたのである。[4)]

1946年10月初旬、裁判は米国の戦争犯罪主席検事を務めたテルフォード・テイラー（Telford Taylor）の冒頭陳述から開始された。そして、9か月後の1947年8月19日に裁判所は判決を下した。

戦争犯罪と人道に反する罪を犯した4人の被告のうち、カール・ベーメ（Karl Bohme）だけが無罪判決を受けた。カール・ブラント、ヴィクター・ブラック、フィリップ・ブーラの3人の被告が有罪判決を受け、控訴を繰り返し寛大な措置を求めたが、ブラント、ブラック、ブーラは1948年6月2日に死刑に処された。

彼ら3人は、犯罪について真実を語らねばな

カール・ブラント。安楽死計画を組織したリーダーの一人
（出所：アメリカ合衆国ホロコースト祈念博物館、ヘッドヴィッヒ・ヴァヘンハイマー・エプシュテインの提供による）

らなかったが、障害者殺害計画に関わった圧倒的多数の者は、沈黙することで刑罰を免れた。テルフォード・テイラーが裁判で陳述した通り、殺害を犯したナチス医師の多くは死亡したか、逃亡してしまった。司法による裁きを逃れた何千ものドイツ軍の医師や看護師の多くは、名前を変えて何事もなかったように生活を再開した。その多くの人たちは、自らが過ちを犯したと思うことを拒絶したのである。

最終的に裁判にかけられた数人のうち、ほとんどが無罪となった。ミゼリッツ＝オプラヴァルデ精神病院での患者殺戮に関して、14人の看護師が大量殺人の罪で裁判にかけられた。この病院では、1939年から1945年の間に少なくとも8千人以上の障害者が殺害されたのである。それにもかかわらず、ほとんどの看護師は、主治医の指示に従っただけであり、指示を拒否したときには解雇されてしまう恐れがあったと主張し自己弁護した。このケースの全14人の看護師は無罪となった。

もう一つの別の事例では、患者を殺戮しただけでなく、ガス室の覗き窓から患者が死ぬのを観察していた精神科医も無罪だった。そして、ケルンの裁判所は、自分の多くの患者を殺害した医師を無罪とした。彼は、殺した生き物は単に「燃え尽きた人間の殻[5)]」だったと証言したのだった。

なぜこれら多くの加害者たちは、残虐行為という犯罪に関して法の裁きから逃れることができたのだろうか。ヒュー・ギャラファーが説明しているように、同僚を裏切って証言しようとする医者を見つけることは非常に困難であった。1945年以降、当局は、有名なナチスの医師を追跡し、訴追することを試みたが、ドイツ医学界内に存在した沈黙と否定の陰謀によって、その結果は残念なものだった。ミュンスター大学医学部のある医者は1951年に次のように述べた。「国民社会主義の不幸な時代における誤りと混乱[6)]」を今さら持ち出すのか、と。

ナチス政権の安楽死計画に自ら積極的に参加した何千人もの人々のうち、わずか数人が最終的に裁きを受けた。彼らの「処罰」は以下の通りであった。

ヴィクター・ブラックとカール・ブラント

ヴィクター・ブラックとカール・ブラントは、ニュルンベルク医師裁判の23人の被告に含まれていた。133日間にわたり、裁判所は、ナチスの残虐行為で、すでに死刑判決を受けていたフリードリッヒ・メンネッケとヘァマン・プファンミュラーを含む被告と33人の証人からの証言を求めた。しかし、その裁判の証言のうち、ブラックの証言が最も注目を集めた。

ブラックは、T4安楽死計画の目的と手順を説明した後、高尚な道徳的、哲学的根拠に基づいて自己を正当化しようとした。「狂った人間が生きることは、彼自身とその親族にとって、あらゆる目的を失い、痛みだけが残されているのです」と穏やかに説明した。「魂は司祭が救い、身体は医者が救うのです。それゆえ、病人は真の意味で救うことができるのです。今回の場合は、(中略) 人間を価値のない状態から解放するのは医者としての義務ですから、私はそれらの人々を―あえて言えば―刑務所から解放したといえるのです」[7]

ブラックと同様に、カール・ブラントは自らの行為を次のように表現した。ブラントは、ニュルンベルク裁判の尋問者に「私は罪を犯したとは思わない」として、次のように続けた。

私がしたことは、私の良心の前に責任を負うことができることだと確信しています。私は絶対的に人間的な感情によってこの行為を行ったのです。決して他意はありませんでした。私は、貧しく惨めな生き物の苦痛に満ちた人生を、彼らのために、早く終わらせてあげる以外の考えはありませんでした。[8)]

すでに述べたように、ヴィクター・ブラックとカール・ブラントは何十万もの障害者を殺害した罪で死刑となった。

レオナルド・コンティ

レオナルド・コンティは、1939年にヒトラーが安楽死計画を指導するために彼を任命したとき、内務省の健康保健局次官であり、親衛隊の忠実なメンバーであった。1939年10月、ヒトラーの命令に基づき、第三帝国全土の病院や施設には、すべての精神的および身体的障害のある患者を規程の書式で報告することが求められていた。コンティはこれらの報告の審査を担当した。彼はまた、1940年の初め、ブランデンブルクで最初の実験的なガス殺に居合わせ、少人数の患者に致死薬注射を自ら措置した。彼が言うところによると、患者の「死はゆっくりであった」ので、追加の2度目の注射を行ったのである。後に、コンティは自殺することになる。彼は裁判に持ち込まれるのを避けるために自殺したという証言もある。

ヴェァナ・ハイデ

ヴェァナ・ハイデは1933年にナチ党に入党し、その後、ゲシュタポの顧問となった。1935年まで、彼は、断種を取り扱う遺伝性疾患の排除のための裁判所で次席裁判官を務めている。1940年1月に、彼は、ブランデンブルクのガスによる殺戮実験にカール・ブラント、ヴィクター・ブラック、レオナルド・コンティらと一緒に参加した。まもなくハイデはベルリンに移り、T4作戦の医師になり、約30人の医師のスタッフを監督する立場に立つ。

1947年に、彼は連合国に逮捕されたが、逃亡し、「ザワデ博士」という別名で精神科医としての仕事を再開した。「ザワデ博士」として、ハイデはドイツのシュレスヴィッヒ＝ホルシュタイン（Schleswig-Holstein）地区の裁判所で精神科コンサルタントを務めたが、社会裁判所、[1] 地方社会裁判所の長官、上院議員2名、連邦裁判官の全員が彼の素性を知っていた。その後、ハイデは逮捕され、裁判にかけられる前、1961年に自殺している。[9)]

ハンス・ヘーフェルマン

ハンス・ヘーフェルマンは、歓喜力行団（KdF）の長官であり、25年間逮捕をまぬがれた。1945年1月、彼はシュタットローダ（Stadroda）の旧収容施設を利用して難民のための宿を経営し始めた。連合国が進駐すると、ヘーフェルマンはミュンヘン、インスブルック、そして後にブエノスアイレスに脱出した。その間、彼は、チーズの卸売業者、醸造所、建設現場の運転手として働き、アルゼンチンではドイツ語書店を経営した。

彼は1955年に連邦共和国〔旧西ドイツ〕に戻り、当局が彼に近づくまで首尾よく生活した。ヘーフェルマンは1960年についに降伏した。彼の裁判は1964年に始まったが、彼の弁護士は未知の終末期の病気に苦しんでいると主張し、1972年10月まで裁判は中止された。その時点で、ヘーフェルマンは裁判に耐えられないと宣告された。[10]

エァンスト・リュディン

エァンスト・リュディンは、第三帝国内でドイツ人種衛生学会の会長に就任し、人口と人種政策に関する諮問委員会の委員長に任命された人物である。彼は断種法の原案作成者であることに加えて、遺伝学的な障害児予防法をナチスが正当化する論文の共同執筆者でもあった。

　障害者に対するナチスの態度形成に果たしたリュディンの影響を過大評価し過ぎることはない。1937年にナチス党に参加し、2年後にアドルフ・ヒトラーから、ゲーテ芸術科学賞を送られている。5年後、ヒトラーはリュディンに対してかぎ十字を浮き彫りした銅メダルを個人的に付与して、「人種衛生学のパイオニア」という称号を贈与している。

　1943年、リュディンは、ヒトラーを称賛して、「人種衛生の道を切り開きドイツ人民の確固たる信念を持ち、(中略)先天性および劣勢な人間の遺伝を阻止するための決定的な人物である」と語っている。彼はまた、「ドイツ・北欧型の医学的に優れた健康的な人間たちの特別なグループの創造、それを目標にしている」として親衛隊を賞賛した。[11]

1945年11月、リュディンはアメリカの軍事占領政権によってカイザー・ヴィルヘルム精神医学研究所の長官から免職されることになるが、彼は決して裁判にかけられなかった。彼は、ヨーロッパの障害者人口の絶滅に大きな役割を果たしたが、何も間違ったことをしなかったと主張して、刑を免れた多くのドイツ人医師の一人である。

パウル・ニッチェ

パウル・ニッチェは、T4の医療部門長ヴェァナ・ハイデの後任であり、安楽死計画の全段階において中心的な役割を果たした。彼はニュルンベルク裁判で有罪判決を受け、ドイツのドレスデンで3月25日に処刑された。

マックス・ド・クリニス

オーストリア人のマックス・ド・クリニスは、ドイツで医業を営み、1931年にナチ党に入党した。彼はドイツの精神医学の中で「最も率直で影響力の強いナチス党員」と考えられ、党組織において最高位のコンサルタントであった。彼はヒトラーに「安楽死」命令の原案を伝授した人物ともされる。1936年まで、ド・クリニスは、親衛隊の人種および移住本部（RuSHA）で活躍し、1941年には教育省の医師に任命された。

また彼は、カイザー・ヴィルヘルム人類学・人類遺伝学・優生学研究所（後に精神医学研究に関わるマックス・プランク研究所となった）の委員会メンバーであり、ヨーロッパ精神衛生連盟の会長を務めた。

1945年5月1日、当局により犯罪の追求を受けながら、ド・クリニスは家族を殺害し、自らもシアン化カリウムを飲み自殺した。[12)]

イァムフリート・エーベァル

イァムフリート・エーベァルは、ヴェァナ・ハイデの助手を務めた。彼は犠牲者の死亡証明書に偽の死因を割り当てるのを監督し、T4殺害作戦の秘密保護のための方針を確立するなど後方支援を行った。また、T4作戦に関わる精神科の「専門家」たちの内部サークルのなかで仕事をすることに加えて、エーベァルには、さまざまな精神科の収容所を訪問して、殺害プログラムへの参加を促す特別な権限が与えられていた。

エーベァルは、32歳でトレブリンカ収容所の所長になった。T4作戦の経験に基づいて、彼は収容患者を殺すためのガス発生装置を建設した。また、彼は、ブランデンブルクの殺害施設にユダヤ人患者を移送する手配を行った。1942年8月だけで、彼は21万5000人のユダヤ人の殺戮を命じた。また、T4作戦の役人としての18か月の在籍期間中に、少なくとも1万8000人の障害のある患者を殺害した。他の多くのナチス医師のように、イァムフリート・エーベァルは処罰を免れた。[13)]

カール・シュナイダ

ハイデルベルク大学病院長のカール・シュナイダ博士は、１９３２年にナチ党に入党し、ドイツ精神医学のリーダーとなった。強制労働、強制断種、大量殺人が、障害のある患者たちへの「救済」という彼なりの方法であった。１９３０年代から１９４０年代にシュナイダは、安楽死計画によって犠牲になった成人と子どもたちから摘出した脳を使った「科学的研究」を行うために、多くの研究費を獲得した。また、彼は、Ｔ４殺害作戦に大きな役割を果たしている。シュナイダはニュルンベルク裁判で有罪判決を受けて処刑された。[14]

ハンス・ハインツェ

ハンス・ハインツェは、ナチスの精神科医、Ｔ４作戦幹部「鑑定人」の一人であり、ブランデンブルク＝ゲルデンにあるリアンダー（Leander）研究所、殺害施設の小児科部門を率いた。彼は、児童殺害計画の前線組織である帝国重度遺伝病科学委員会で頭角を現した。１９３１年、ライプツィヒの小児外来部門で医師を務めながら、彼はパウル・シュローダーと『子どもの人格と異常性』を共同執筆した。ハインツェは、ナチス党の綱領と「人種衛生精神医学」の教義に従って、特定の人たちを定義し、隔離、根絶することに専念していた。

１９４０年までに、ブランデンブルク＝ゲルデンのリアンダー研究所は、Ｔ４作戦「輸送」の中継地として機能していた。療養所にいた子どもの一部は、ブランデンブルクのガス室に送られ、その後、彼らの死体は「精神医学研究」のために研究所に戻された。同研究所は、殺人施設を担当する他の医師の訓練センターとしても利用され、「帝国教育訓練所」と呼ばれた。

1946年、ハインツェはロシア軍事法廷で裁判にかけられ有罪判決を受け、7年間の強制労働を宣告された。1952年にいたるまで、さまざまな刑務所で刑期を務めた後、ドイツに戻り、ヴェストファーレン、ミュンスター近郊の療養所で医師助手になった。

1962年、ハインツェの戦時活動に関する予備調査が開始されたが、いくつかの医学的見解が彼には尋問や手続きの理解ができない「精神的欠陥」があると認定した。1967年、彼は裁判に耐えられないと見なされた。

それから約20年後、ハインツェが死亡したとき、彼の死亡記事は以下のようなものであった。「1983年2月4日、児童・青少年精神医学部門の元会長が87歳で亡くなった。私たちは名誉をもって彼を記憶する」と記された。この死亡記事は、ヴンストルフ、ニーダーザクセンのナイダー州立病院長による署名入りのものであった。しかしながら、その記事には、ハインツェが何万人ものヨーロッパの精神障害者の大量虐殺に関与していたことは言及されていなかった。[15)]

ヘァマン・プファンミュラー

ヘァマン・プファンミュラー博士は、エグルフィング＝ハール病院の小児科部長であり、1933年5月にナチ党に入党した。プファンミュラーは「生きるに値しない命」というナチスの考えを強く信じ、ドイツ経済の負担となった「役立たずの穀潰したち」を根絶するよう要求した。

1939年に、プファンミュラーは、病院を訪問した心理学の学生たちに、およそ25人の幼児および児童に対して、「飢餓の家」と呼ばれる施設で餓死による慈悲の殺害が現に実施されていることを説明した。1943年、彼は成人のためにさらに二つの「飢餓の家」を設立した。彼の「ケア」の下で約445人の患者が亡くなった。

1951年に、プファンミュラーは、障害者殺害における彼の役割に対して有罪が言い渡され、5年間の収監が宣告された。プファンミュラーは、刑に服している間、妻テレサから手紙を受け取った。夫が「人道的な」仕事のために処罰されるなど、妻テレサには信じがたいことであった。そこには次のように書かれている。

「ええ、わかりましたよ。女性や子どもたちは戦争で家から焼き出され、何千人もの人たちが凍えている、難民となった人たちは、寒いなかでの生活を余儀なくされている。これらはすべてが人道にかなうことであり、あなたが病院でかかえる『肉の塊』を眠りにつかせることは国家に対する犯罪というわけですね」と。[16)]

ユリウス・ハラーフォーデン

ユリウス・ハラーフォーデンは、脳研究の専門家であり、カイザー・ヴィルヘルム研究所の特別病理部門長を務めた。彼は、研究目的のために安楽死計画で亡くなった子どもの解剖を支援し、自分自身でも子どもたちの脳を解剖した。また、彼は、精神病者の殺害施設で、ユダヤ人犠牲者から取り出した600人の脳に関する研究を行った。

ハラーフォーデンは、戦後、ギーセンに逃亡し、1957年までフランクフルトにあるマックス・プランク脳科学研究所を管理した。その研究所は最終的に、地下室に収蔵された「歴史的資料」がナチス安楽死計画による人間からの収穫物であることを認めた。それらの資料はやがて、1990年代にミュンヘンの墓地に埋葬された。ユリウス・ハラーフォーデンは裁きの場から逃れた。[17)]

ヴァレンティン・ファルトハウザー

ヴァレンティン・ファルトハウザーは、患者のうち300人以上を殺戮したことで、3年間、収監された。彼は、裁判で「安楽死の支持者」と自分自身を表現したが、「功利の理由」により患者を殺害したのではないと、注意深く説明した。彼は、「私にとって、決定的な動機は思いやりであった」と飾り気なく説明した。[18)]

フリードリッヒ・メンネッケ

フリードリッヒ・メンネッケは、アイヒベルクで少なくとも2500人の障害者を殺戮した罪で死刑を宣告された。彼は予定された死刑執行の数日前、1947年1月28日、刑務所で急死した。[19)]

ヴァルター・シュミット

ヴァルター・シュミットは、アイヒベルク病院でのメンネッケの後継者であり、少なくとも70人の患者を殺戮したとして死刑を宣告されたが、判決は過酷な労働を伴う終身刑に変更された。シュミットは、大量の恩赦推進運動を受けて、１９５１年にわずか６年の刑期で刑務所から釈放された。[20]

ヴェァナ・フィリンガ

ヴェァナ・フィリンガは、１９２７年から人種衛生学の運動における有力な主唱者であり、ヒトラーに影響を与えたことで知られるフリッツ・レンツの信奉者であった。１９３４年から１９３８年の間、フィリンガは、エァンスト・リュディンとレンツを含むドイツ犯罪＝生物学協会のメンバーであった。１９３７年５月１日、ハムとブレスラウ〔現在のヴロツワフ〕の遺伝的健康のための高等裁判所の判事を務めていた間、フィリンガはナチ党に入党した。記録によると、在職中に断種に関する通知が２６７５件、断種の申請が６００件、断種が４６０件行われた。フィリンガはＴ４作戦のコンサルタントとしてナチスの公式記録に掲載されている。

戦後、フィリンガはハンブルグ大学の精神科教授となった。また彼は、１９５２年から１９６１年にかけてドイツ青年精神医学会の会長を務めた。ハンブルク大学医学部は、フィリンガを次のように説明している。「とりわけ、国内の主要な青年精神科医であるフィリンガは、断種法の支持者であり、その適用と幅広い解釈のために最も積極的に貢献した。そして、コンサルタントとして、彼は成人の安楽死にも貢献した」。１９５３年、フィリンガは、「メリット勲位十字章」を受賞した。後に、彼はＴ４作戦のコンサルタントとしての活動を否定した。彼は、断種と安楽死計画についての自身の責任について裁判にかけられることはなかった。[21]

ヴェァナ・カーテル

ナチス時代に、ヴェァナ・カーテル博士は、「クナウア事件」[2]で乳児が殺害されたライプツィヒ病院の小児科長を務めた。カーテルはのちに、子どもの殺害計画を監督する3人委員会の委員長に任命された。戦後、彼はキール大学の小児科教授と小児病院の院長に任命された。

1949年、ドイツの裁判所は、彼は「善良」な人物であり、上司が彼の殺人的行為を合法と信じこませただけだという理由で、彼に対する告訴を棄却した。彼は法的処罰を免れたが、彼の裁判をめぐる世論により、大学の地位から退くことを余儀なくされた。カーテルは医業にもどり執筆し続けた。1963年、障害のある子どもたちの安楽死に関する事例を記した著書『境界線上の生命』を出版した。[22]

無数の忘れ去られた墓

安楽死の犯行に関与した大多数は刑を免れただけでなく、ナチス時代にドイツ、オーストリア、ポーランド、旧ソ連、その他の地域において行われた障害者に対する残虐行為がほとんど忘れ去られ補償もされていない。歴史家による無視や政治的無力、障害者の経済的窮乏などのさまざまな理由により、障害のある生存者を対象とした祈念館や博物館は、今日、世界中のどこにも存在していない。障害者に捧げられた祈念碑がなければ、ナチス時代に障害者に与えられた恐怖は、世界の記憶として残らないだろう。これらの事実を後世に残していかなければ、この悪夢の犠牲者が亡霊として再び現れるに違いない。

さらに、何千ものホロコースト博物館や祈念碑が国際的に存在しているが、障害者の悲劇を扱ったものは非常に少ない。ほとんどは、ホロコーストにおける障害のある男女に与えられた恐怖については言及していない。イスラエルのヤド・ヴァシェム〔3〕（Yad Vashem）では、祈念碑と数万ページの記録には、障害者の殺戮に関する簡単な言及が1つだけであるにすぎない。

戦後、障害のある犠牲者は、ナチス体制によって迫害された人々として認識されなかった。生存者は、殺害施設で過ごした時間にも強制断種に対しても、何の補償も受けることができなかった。断種法は連合国によって無効と宣言されたが、戦後のドイツ国家はナチス時代の殺戮を人種的迫害として認知せず、戦後のドイツ裁判所は法律に基づく強制断種が適切な手続きによって執行されたと判断した。

このような判決に障害のある男性たち、女性たちは挑戦したが、強制断種につながった事実認定が「医学的に」間違っていると証明できない場合、裁判所での訴訟が退けられた。したがって、強制断種された聴覚障害者の訴えは、裁判官が任命した二人の医師によって先天性聴覚障害の最初の所見が正確であったと認定された後、1950年に退けられた。

1964年、ナチス時代のベルリンにあった元イスラエル人ろう者施設の生徒で、強制断種された人からの賠償請求は拒否された。戦後のドイツの裁判所は、上告人が「連邦補償法」に基づいて迫害されたユダヤ人グループに所属していたことを認めたが、強制断種されたろう者はナチスによる迫害の対象と見なされなかった。今日まで、ドイツ国家は、ろう者を含む障害者に対するナチス時代の迫害をまったく認知せず、これらの人たちへの補償を行っていない。[23]〔4〕

ある賠償裁判所は、障害者が「取るに足らない（虫けら）レベル以下の人々」であると宣言した。別の裁判所は、安楽死はナチス時代以前に支持を得ていたとし、安楽死計画に参加した人々を処罰することを拒否した。そのため、ナチスの犯罪として処罰されることはなかった。ドイツの法律の適用を拡大し、強制断種と安楽死政策の犠牲者に補償を行うことを随時求めたが、これらの努力はすべて失敗に終わった。[24)]

このような障害者に対する黙殺は今日も続いている。例えば、障害者は五つの犠牲者グループの一つに指定されたが、ホロコースト犠牲者補償訴訟の公知通知では無視されてしまった。ホロコースト犠牲者補償訴訟で示された公知通知は、これまでに最も高額で広範なものであった。その公知通知の執行者は、ユダヤ人組織のためだけに２３０万ドルの賠償額を予定していた。シンティ・ロマの組織とメディアには、別途50万ドルの賠償額が割り当てられた。

そのことと対照的に、障害者の関連組織には1ドルも割り当てられなかった。加えて、障害者がアクセス可能なコンピュータ技術、すなわち、点字通知、音声通知、テレタイプライター（ＴＴＹ）[5]、フロッピーディスク、視力障害者のための拡大文字等、通知に関するいかなる規定もなかった。また、この補償計画は、世界中の６千以上のユダヤ人組織、おそらく５００ものシンティ・ロマの組織に提供されたものであった。しかし、この補償計画が予定していた通知手続について、障害者組織に対しては相談または情報提供はなかったのである。[25)]

障害者に対する執拗な否定的な態度とステレオタイプ

障害者に対する差別は、何もホロコーストによって始まったわけではない。ましてや、それはナチスの敗北で終了したわけではない。逆に、世界中の障害者は、ナチス時代に断種、搾取、虐殺を可能にしたものと同じ神話、嫌悪感のあるステレオタイプ、虚偽の対象となっている。ギャラファーは次のように述べている。すなわち、「ドイツ人が、異質であり、本質的な意味で米国人と『違っている』わけではない。（中略）第三帝国時代における精神障害者、障害者、知的に遅れている人々に対する扱い方は、確かに極端に恐ろしく悲劇的な扱いではあったが、それは何世紀にもわたる障害者の歴史を通じて、追跡可能な社会的行為様式とは何も矛盾していなかった。そして、実際に、１９３０年代のドイツ人の障害や慢性疾患に対する態度は、当時の他国の社会に見られた支配的な態度と本質的に異なっていなかった」と。[26]

ギャラファーは、障害者に対する多様な誤解や偏見があると記しているのである。そして、そのいくつかは次のようなものである。

被害者への非難

慢性疾患や障害者を非難するという考えは、ギャラファーによると「多くの人たちの心の中で、障害に対する潜在的な恐怖の程度によって引き起こされる」。この理論は、おそらく１９３８年にドイツのフロイト派の医者メン（H. Meng）によって最も知られた主張である。「非障害者は、障害者が何らかの凶悪行為を引き起こすのではないかという潜在的な恐怖をもっている。それは（彼または彼女の障害が）罰としてもたらされたものである」[27]

例えば、旧約聖書では、慢性的な病気や障害は、神と戒めに反する罪と考えられている。ギャラファーは次のように記している。

> 旧約聖書のレビ記21章18節に書かれているように、障害者は罪人であり、汚れており、祭司になることはできず、祭壇にも近づいてはならないという。以下を含む12の特定の条件が禁止されている。「だれでも、障害のある者、すなわち、目や足の不自由な者、鼻に欠陥のある者、手足の不釣り合いの者、手足の折れた者、背中にこぶのある者（など）[6]」

時代を経るに従い、レビ記に列挙された12の障害に奇形や疾病が加えられたため、のちのタルムード学［ユダヤ教における宗教的典範］は142種類の不適格条件を列挙している。[28]

医学史研究者のヘンリー・ジゲリスト（Henry Sigerist）は、障害者に対する4つの異なる見解を指摘している。古代ギリシャ人は、障害を社会的地位の側面として見ていたため、社会的に劣ったものとして扱われた。ギリシャやローマでは、内反足や多指症のような軽度の障害をもって生まれた乳児は、その両親によって遠隔地に運ばれ、そこに残されて一人で死ぬことが多かった。キリスト教徒は、障害者を「同情か祈りのどちらかの対象」と見なした。古代ヘブライ人は、障害は罪によって引き起こされたと信じていた。最後に、科学の世界は、障害を臨床的に病気の症状として考え、障害者を処置と治療を必要とする患者として扱っている。[29]

これらのさまざまな態度とアプローチにもかかわらず、一つの事実は変わらないままである。その人の障害の状態のためにその人を責める傾向は今日も続いているのである。

「波及」と「無価値化」

ギャラファーは障害に対する態度を議論する際に、「波及」と「無価値化」という二つの重要な概念を用いて説明している。「波及」は「人間の性質の一部またはすべてが、障害の機能によるものと捉えようとする現象」のことである。例えば、「ジョージには脳性麻痺がある。手がけいれんするようにぎくしゃくと動く。だから、頭の中も愚かで間抜けだ」。

もう一つの例は、対麻痺の生徒がたまたま優れた学生であった。その学生の知的優秀さは、しばしば彼の障害の観点から説明される。例えば、「彼は、他の学生のように走り回ることができず、遊んだりできないから、優れた学生だ。彼ができることは座って勉強することだけだ」と。

ドイツの医師らは、ある種の障害があるとき、その当事者の人生は役に立たず無意味だと考えることで、「波及」という概念を利用したといえるだろう。[30]

同様に、「無価値化」は「障害に基づいた人間価値の軽視」と述べている。例えば、米国のジェリー・ルイスのチャリティ番組（慈善目的のテレビ番組）は、彼らが助けようとしていた人々を伝統的に「無価値化」

していた。ジェリー・ルイス（Jerry Lewis）やエド・マクマホン（Ed McMahon）は、テレビ番組のなかで、筋ジストロフィーの子どもたちの悲劇的で哀れな状態について語った。ギャラファーによれば、「彼らの理論は、被害者がより哀れであればあるほど、より多くの寄付が集まる、というものである。この過程で、子どもたちは『被害者』という寄付の『対象』へと「無価値化」される」という。もちろん、ジェリー・ルイスのアプローチは、現代社会に広まっており、歴史的にも広く見られた態度を反映したものである。この「慈善モデル」（障害者への同情を「救助」という道義的要請に結びつける）は、その意図は善意にもかかわらず、究極的には、受益者である障害者を非人間化にするのである。[31]

ナチス・ドイツのプロパガンダは、病院など施設に入院している患者を「価値のない命」「役立たずの穀潰し」「人間の抜け殻」などの言い回しで描写しており、これらは極端な「無価値化」の例である。ナチスが知的あるいは身体的障害者に対して行った言動は、ナチスが障害者を「下等な人間」、つまり、人間以下の者として扱っていたのである。[32]

障害のある人たちに向けられた誤解は、世界のほとんどの国で、障害のある人は恥ずかしく無視された少数派であると理解されている一方で、障害のある人は非常に大きなグループを形成しているのである。各国人口の最低16％は、一つ以上の障害があり、多くの国で障害者比率が20％を超えていると推計されている。それにもかかわらず、障害のある人たちは、大規模な失業から刑務所に近い隔離に至るまで、依然として厳しい生活条件に直面している。障害のある人たちは、しばしば虐待され、放置されている。したがって、現在もなお、障害者は最たる基本的人権と尊厳を追求し続けなければならない。

現代ドイツ社会では、多くの障害のある人たちが第二級市民として扱われ、経済的負担と不便さを強いられており、この状況は依然として変わっていない。差別的な態度は、公然の罵倒、侮辱、ハラスメント、攻撃、殴打、殺人など、標的とされた暴力を含むものである。

ネオ・ナチ（「スキンヘッド」）がこの虐待を先導してきた。各種の報告書によると、スキンヘッドの男たちは盲人男性を殴打し、5人の聴覚障害のある男子を殴り、車椅子を使用している男性を地下鉄の階段で突き落とし、次のように叫んだという。「おまえらはダッハウ（強制収容所）の死にそこない」「ヒトラーのもとでは、おまえらはガス殺だ」と。

また、『英国障害者団体交流誌』によれば、一年間に、障害のあるドイツ市民一千人が、物理的にそして言葉によるハラスメントを受けているという。さらに、ドイツの警察は、ヘイトクライムをいつまでも文書化しようとはせず、障害者の雇用確保法を実施していない。このような差別の結果、障害のある人たちの中には外出を躊躇する人もいる。[33]

このような有害な態度や扱いは、何もドイツに限ったわけではない。世界中で、障害のある人たちは引き続き疎外され、危険に晒されている。障害のある人たちは、恐ろしい、複数の社会的障壁および態度的障壁に直面する。例えば、ナチスの残虐行為の多くが発生した中央ヨーロッパと東ヨーロッパでは、一般の大量輸送［公共交通機関］による移動は、障害のある人にとっては不可能であり、障害者のための移動サービスや代替交通機関はほとんど存在しない。

宿泊施設について、視覚障害または聴覚障害のある人への配慮がある施設は希少である。点字のエレベーターボタンや音響信号機の設置はちらほら見かける程度である。東ヨーロッパでは、車椅子を必要とする人の少なくとも20％は車椅子を持っていない。運良く車椅子を持っていても、それらは高額で、不十分で、不適切であり（例えば、重たすぎる）、修理が困難である。[34)][〔7〕]

つまり、ナチスが実施したプログラムは、障害者に対する差別として、広範かつ永続的な負の遺産として、現在も受け継がれているのである。近年、ヨーロッパのいくつかの国で誕生した極右のナショナリズム政党（敵意をもって「異質」と見なす傾向がある）の存在によって、将来への懸念が高まっている。障害のある人たちに対するホロコーストは、過去の記憶と現代の実情、将来の解決策とを結びつけた、より大きな文脈のなかで理解しなければならないのである。

【訳注】

〔1〕社会裁判所（Sozialgericht）は、主に健康保険、失業保険等の社会保険等に関する公法上の紛争事件を取り扱う。（首相官邸（司法制度改革審議会）のホームページ、「フランス共和国の司法制度、ドイツ連邦共和国の司法制度」（www.kantei.go.jp/jp/sihouseido/pdfs/dai5gijiroku-2.pdf））を参照。）

〔2〕「クナウア事件」は、1938年の末か39年の初め、クナウアという姓の父親が障害のある自分の娘の殺害許可をヒトラーに嘆願したことである。本書の第1章を参照。

〔3〕日本では一般に「ホロコースト祈念館」と呼ばれている。

（4）紀愛子によれば、『安楽死』および強制断種の被害者は、2015年の現在に至ってもなお、「ナチによる被迫害者」としての認定は獲得していない」という（紀愛子「『ナチスによる「安楽死」および強制断種被害者の会』の歴史と活動」『早稲田大学大学院文学研究科紀要』2016年）。

（5）テレタイプライター（TTY）は、テキスト情報を電話回線で送信するもので、聴覚障害者同士、または聴覚障害者と健聴者との間のコミュニケーションに利用されていた。

（6）『旧約聖書』新共同訳より引用した。

（7）中東欧諸国は、障害者権利条約の批准に伴い、障害者のモノやサービスへのアクセスや社会参加に関する施策を進めており、公共交通機関や宿泊施設等におけるアクセシビリティは改善されている。EUレベルでも同条約を署名・批准しており、EUでは2011年1月から効力を有している。さらにEUは、「欧州障害者戦略2010－2020」という枠組みを2010年に策定し、同条約の目的を取り入れている。

第6章
覚えておかねばならないこと

FORGOTTEN CRIMES

ホロコーストは、圧倒的に邪悪なものであり、記憶され続けるべき道徳的な大惨事であった。ホロコーストの悪事は、単なる身体的、金銭的なものではなかった。それらは人類の一部を消し去るような取り組みであった。ホロコーストの間、障害のある人たちは断種され、永遠に辱められ、そして絶滅させられ、永久に沈黙させせられた。このことは認識され、記憶されなければならない。

ホロコーストは、障害のある人たちの共有した歴史の一部である。それは障害のある人たちのコミュニティおよび自由、正義、公正に関心をもつすべての人々に対する警告となりえる。それは、最も冷淡な言葉で言って、倫理的、道徳的、社会的な失敗を示している。その失敗は、国家、社会、コミュニティ、隣人が全人類のなかに存在しているヒューマニティを認識し、育まないときに生じる必然の結果である。

ほかのだれもと同じように、障害のある人たちは望みや夢をもっている。障害のある人たちには、良い教育を受け、働く機会があり、コミュニティの生活に参加したいという望みもある。親、芸術家、専門家、消費者、教師、ビジネスマン、納税者になりたいと望む障害のある人もいるだろう。身体的にも態度の面でも障害のある人たちが直面する最も恐ろしい障壁は、いかなる個人の障害ではなく、専横な社会的構造によるものである。そうした社会的構造は、あらゆる範囲の人間能力に適応するよう変化させなければならないものである。

結局、障害のある人たちの全体的な発達と完全参加を促進することは、社会の最高の利益となり、障害のある人たちは、現代の生活のあらゆる場面で貢献できるのである。そのような財産を無視したり、拒否したりする国家は危険に晒される。国連の推計によると、世界中の全家族のうち25%が障害の影響を受けているため、そのような大きくて多様なグループを無視し排斥するような公共政策は、賢明あるいは健全であるとは見なすことができない。

最後に、ホロコーストの物語を語ることで、障害者コミュニティの苦難を排除し最小化していかねばならない。ユダヤ人が長く認識してきたように、「決して繰り返さない」ことのカギは、決して忘れ去らないことである。歴史が障害のある人たちの迫害を認識しない限り、私たちはそれが繰り返されないことを保証することはできない。

確かに「絶滅を忘れ去ることは絶滅の一部だ」というジャン・ボードリヤール（Jean Baudrillard）[1]の言葉を思い出すことには価値がある。障害のある男性、女性、子どもたちに対してなされた恐怖を完全に認知することは、ホロコーストの他の無数の犠牲者の苦痛を減らすことにはならないのである。そこには再起するにたる十分な深い悲しみがある。

半世紀以上前に、ドイツにおけるナチス政権下での殺人プログラムを可能にさせた諸条件は、今日の世界の多くの部分で存在している。つまり、人間の尊厳に対する侮辱に直面しての無関心、自分とは異なる者の価値や人間性を認めないカリスマ性をもつリーダーの存在、障害のある人に対する否定的態度やステレオタイプ、見た目だけの軽薄な目的を達成するための科学と技術の操作、これらが今日でも世界中のあらゆる地域で持続している。

したがって私たちは、障害者コミュニティに対して、ナチスによって行われた残虐行為が繰り返されることのない、特異な出来事だと考えてはならないのである。私たちは、人間の義務だけでなく、私たち自身の自己利益からしても、これらの出来事やこれらが起こった状況を引き続き探求し、記憶し続ける必要がある。

【訳注】

〔1〕ジャン・ボードリヤール（Jean Baudrillard）は、フランスのポストモダンの思想家・哲学者であり、『消費社会の神話と構造』（今村仁司、塚原史訳、紀伊國屋書店、新装版、2015年）などの著書がある。

【原注】

はじめに

1）ヘンリー・フリードランダー（Henry Friedlander, The Origins of Nazi Genocide: From Euthanasia to the Final Solution（Chapel Hill,1995.）からの引用。

2）マイケル・バーリー（Michael Burleigh, Death and Deliverance: Euthanasia in Germany, 1900-1945 (Cambridge,1994).）からの引用。

第1章

1）クナウアの赤ちゃんの身体の状態については矛盾する報告がある。フリードランダー（Friedlander）、39－40ページ、バーリー（Burleigh）、92－96ページ、ヒュー・G・ギャラファー（長瀬修訳）『（新装版）ナチスドイツと障害者安楽死計画』現代書館、２０１７年（Hugh Gallagher, By Trust Betrayed: Patients, Physicians, and the License to Kill in the Third Reich）Arlington, Va.: 1995年, pp.95-96）を参照のこと。

2）ロバート・リフトン（Robert Lifton, The Nazi Doctors: Medical Killing and the Psychology of Genocide（New York, １９８６年）p.51）より引用。

3）Testimony of War Criminals, United States v. Karl Brandt, et al. Burleigh, 94－96ページより引用。

4）同上書。

5）ブラントが続けた。「彼（ヒトラー）自身が受け取った嘆願書について、彼は私に（全国指導者）ブーラと連絡を取るように言いました。私はその日の内に電話で連絡を取り、そして、私はブーラとの会話の内容をヒトラーに伝えました。しかし、これが安楽死計画を引き起こしたわけではありませんでした。ヒトラーは彼の著書『我が闘争』の中のある章で、そのこと（＝安楽死計画）に触れていました。そして『遺伝性疾患のある子どもの誕生を防止するための法律』は、ヒトラーが確かに以前からこの問題に関心を持っていた証です」バーリー（Burleigh, p.97）より引用。

6）同上書、98～99ページ。

7）同上書、99ページ。
8）フリードランダー、44〜46ページ。
9）バーリー、101ページ。
10）表1はフリードランダーより転載。
11）ギャラファー、109〜110ページ。
12）類似の手紙がバーリー、151ページにも掲載されている。
13）バーリー、126〜127ページより引用。
14）バーリー、103ページ。
15）フリードランダー、50ページより引用。
16）プファンミュラー博士は、致死薬注射によっても多くの子どもたちを殺害した。彼は後に自分の罪を正当化しようと次のように説明している。「子どもたちを眠らせることは、安楽死のもっともきれいな形です。（中略）子どもは肺が鬱血するだけで死に至ります。中毒で死ぬわけではないのです」フリードランダー、54ページを参照。
17）バーリー、103ページより引用。
18）フリードランダー、56〜59ページ。
19）同上書。
20）「治療」という用語が使用されたのは、「殺す」という言い回しが、あまりにも罪を示唆しすぎていて、機密文書においてさえも使うことが憚られたからである。戦後、T4作戦の当局者が承認について証言している。「ベルリンは私たちにいわゆる『承認』の文書を送り、しばらくして子どもたちが届けられました。（中略）子どもたちは死ぬのを助けられたのです。」フリードランダー、57ページ。
21）概して医師たちは殺害に関わった報酬として250ライヒスマルクを受け取った。
22）フリードランダー、170ページ。
23）サリー・M・ロゴウ（Sally M. Rogow, "Hitler's Unwanted Children: Children with Disabilities, Orphans, Juvenile Delinquents and Non-Conformist Young People in Germany," Nizkor Project, Shofar FTP Archive

File（http://www.nizkor.org), 1998)。

24）ジェームス・M・グラス（James M. Glass, Life Unworthy of Life: Racial Phobia and Mass Murder in Hitler's Germany（New York, 1997), p.62）より引用。

第2章

1）ドイツ政府の安楽死の定義は広範であった。盲、聾、精神薄弱、てんかん、自閉症、うつ病、双極性障害、運動障害、および多くの種類の身体的変形、口蓋裂から四肢欠損まで、幅広い精神的および肉体的障害のあるすべての人に適用された。

2）マイケル・バーリー、１１２ページ。

3）同上書。

4）研究者は、ドイツの公式安楽死計画では、障害のために少なくとも27万５０００人が死亡したと推定している。しかし、これらの見積もりには以下が含まれていない。

（a）強制収容所での断種、医学実験、虐待による身体障害を負ったことで、ガス殺または射殺された人。

（b）ユダヤ人であり障害者でもあった犠牲者。

（c）占領された国で殺害された障害者。

（d）ヒトラーが１９４１年8月に公式の安楽死計画を中止した後に殺害された者。

これらの要因を考慮に入れて、ナチス体制中に１００万人もの障害者が殺害されたと結論するのは妥当である。ヒュー・グレゴリー・ギャラファーの著書（Hugh Gregory Gallagher, Black Bird Fly Away: Disabled in an Able-Bodied World（Arlington, Va., 1998), p. 225）およびジョン・ワイズの著書（John Weiss, Ideology of Death: Why the Holocaust Happened in Germany（Chicago, 1996), p. 335.）を参照のこと。

5）最初に組織された医学教授の中核グループは、ベルリンのマキシミアン・ド・クリニス（Maximian de Crinis）教授、ハイデルベルクのカール・シュナイダ（Carl Schneider）、イエナのベァトルト・キーン（Berthold Kihn）、ヴュルツブルクのヴェァナ・ハイデ（Werner Heyde）であった。さらに、ヴェァナ・カーテル（Werner Catel）博士、ハンス・ハインツェ（Hans Heinze）博士、ヘァマン・プファンミュラー（Hermann Pfannmüller）博士、エァンスト・ウェンツェル（Ernst Wenzler）博士、ゾンネンシュタイン収容施設のパウル・ニッチェ（Paul Nitsche）博士もこのグループに含まれていた。マイケル・バーリーの著書、１１３ページを参照のこと。

6）フリードランダー、88－90ページ。

7）フリードランダー、73－76ページ。

8）フリードランダー、76ページ。

9）フリードランダー、83－84ページ。

10）フリードランダー、85ページ。

11）ヴュルテンベルク福音教会ヴォアン博士から帝国内務省フリック博士への手紙、１９４０年９月５日、（*Nazi Conspiracy and Aggression*（Washington, D.C., 1946）, Supp. A, p. 1223.）。

12）同上書。

13）同上書。

14）親衛隊全国指導者ヒムラーから親衛隊上級大佐ブラックへの手紙、１９４０年12月19日（*Trials of War Criminals Before the Nuremberg Military Tribunals*（Washington, D.C., 1949-1953）, I, 856.）

15）フリードランダー、89－90ページ。

16）フリードランダー、91ページ。

17）フリードランダー、91ページ。

18）フリードランダー、96－97ページ。

19）フリードランダー、91、97ページ。

20）同上書。

21）同上書。

22）フリードランダー、92ページ。

23）フリードランダー、１１０－１１１ページ。

24）フリードランダー、91－98ページ。
25）同上書。
26）バーリー、１５０－１５１ページ。
27）フリードランダー、１０４ページ。
28）バーリー（著書に記載された書簡）、１５１－１５２ページ。
29）フリードランダー、92ページ。
30）フリードランダー、92－96ページ。これらの手順はすべて、迅速かつ効率的な殺処分を行うだけでなく、患者が通常の入院手続きに従ったと信じこませるように設計されていた。
31）同上書。
32）ギャラファー（Gallagher, By Trust Betrayed）、12ページ。
33）リフトン（Lifton, *Nazi Doctors*）、１０１ページ。
34）同上書。
35）バーリー、１７８ページ。アメリカ合衆国ホロコースト祈念博物館のホームページ、「ナチス時代の被害者」（www.ushmm.org）を参照のこと。
36）バーリー、１７９ページ。*Trials of War Criminals Before the Nuremberg Military Tribunals*（Washington, D.C., 1949–1953）, I, 845–846. Burleigh, p. 179.
37）フリードランダー、１１３－１１６ページ。
38）ギャラファー（Gallagher, By Trust Betrayed）、１６９ページ。
39）フリードランダー、１０８ページ。
40）フリードランダー、１５１ページ。
41）フリードランダー、１４１－１４２ページ。
42）同上書。
43）フリードランダー、１４２ページ。

44）フリードランダー、160－161ページ。
45）バーリー、240ページ。
46）同上書。
47）バーリー、241－242ページ。
48）バーリー、242ページ。
49）バーリー、130ページ。
50）バーリー、131－132ページ。
51）親衛隊の行動隊（Einsatzgruppen）は、障害者、女性、子ども、ユダヤ人を含む「敵性分子」を殺害するという特殊目的のために、ソビエト連邦の侵攻後にドイツ軍に備えられた6つの主要部隊で構成されていた。ラインハート・ハイドリヒによって編成された行動隊は、親衛隊の情報部とドイツの保安警察のメンバーで構成され、より小さなユニットである移動殺戮部隊（Einsatzkommandos）に細分化された。1939年のポーランド侵攻中に動員されたが、主な活動は1941年と1942年に行われた。彼らは、何十万人ものロシア人とウクライナのユダヤ人を殺害する役割を担い、絶滅収容所設立前の最終的解決策の主要な代理人であった。地元警察の助けを借りて、行動隊は、倒壊した町の全住民を集めて射殺し、遺体を大きな穴に放り込んだ。彼らはまた輸送中に囚人や患者を殺すためにガス殺輸送車を使用した。行動隊は、1943年に解散され、殺害の証拠隠滅を図った。指導者たちはニュルンベルク裁判で裁かれた。ニュルンベルクでは、24人のうち22人が刑務所に収監または処刑された。
52）ウォルター・ラカー編著（Walter Laqueur, ed., *The Holocaust Encyclopedia*（Yale University Press, 2001, p.164.『ホロコースト大事典』柏書房、2003年）。
53）バーリー、132ページ。
54）バーリー、132－133ページ。
55）フリードランダー、140－141ページ。
オイゲン・コゴン（Eugen Kogon, *The Theory and Practice of Hell: The Classic Account of the Nazi Concentration Camps Used as a Basis for the Nuremberg Investigations*（New York, 1998）35－36ページ、224ページ。

56) バーリー、220―221ページ。

57) フリードランダー、149ページ。

58) ロニット・フィッシャ（Ronit Fisher, "Medical Experiments," in Laqueur）、1410―1411ページ。

59) レオ・アレクサンダ（Leo Alexander, M.D., "Medical Science Under Dictatorship," *New England Journal of Medicine*, July 14, 1949）、39―47ページ。

60) 1939年に設立されたラーフェンスブリュックは女性のための収容施設であったが、1941年4月には、ザクセンハウゼンのサテライト収容施設、男性のための小さな施設となり、戦時中に約2万人の受刑者が通過した。1942年にラーフェンスブリュックには1万1000人の受刑者がいた。1944年にはその数は7万人に急増した。障害のある少女や若い女性を含む10万6000人以上の女性が収容所を通過した。過労、過密、飢え、餓死で数千人が死亡した。ラッケル（Laqueur）、510ページ。手術、切断、強制断種などのいわゆる医学実験の結果として殺害され、銃殺やガス殺によっても殺害された。

61) リフトン、273ページ。

62) ミコラス・ナインシュリ（Miklos Nyiszli, *I Was Doctor Mengele's Assistant: The Memoirs of an Auschwitz Physician*（1996）, translated from the Polish by Witold Zbirohowski-Koscian）、85ページ。

63) Yehuda Koren, "Saved by the Devil," Telegraph Magazine, February 27, 1999, pp. 28-38. イフダ・コレン（Yehuda Koren, "Saved by the Devil," Telegraph Magazine, February 27, 1999）、28―38ページ。

64) 同上書、33ページ。

65) 同上書。

66) 同上書。

67) ラッケル、412ページ。

68) フリードランダー、131ページ。

69) バーリー、265ページ。

70) 同上書。

71）バーリー、２６５－２６６ページ。

72）障害のある生存者のうち、強制労働の対象となった人がどれくらいいたのかを知ることは不可能だが、彼らが一般人口のかなりの割合を占めていたことは確かである。「障害者権利擁護（Disability Rights Advocates）」（非営利団体）とその職員は、このテーマを世界中で約2年間研究した。しかし、ヤド・ヴァシェム（Yad Vashem）、サイモン・ヴィーゼンタール・センター（Simon Wiesenthal Center）、ショアー財団（Shoah Foundation）が保存するホロコースト生存者のデータバンクでは、障害を研究指標として位置づけていない。障害に対応した記録は事実上存在しないし、（前述のように）研究者はこの課題を無視している。さらに、ヒトラーの障害者強制断種計画により全世代が失われ、強制断種の容認と内面化は犠牲者の顕在化を阻んでいる。さらに、イー・ゲー・ファーベン化学会社のようないくつかの工場の労働者は、わずか2～3か月の平均余命しか持たなかった。ヴァイス、３４９ページを参照のこと。

73）フリードランダー、１６１ページ。

74）ドイツ全土で、何十もの機関で、障害者は日常的に強制労働をさせられていた。「収容施設の年次報告から判断すると、１９３０年代半ばまでに、圧倒的多数の患者が事実上の無償労働に従事させられていた。それは、健康的な「国家的僚友」が、豪華な収容施設にいる非生産的な「バラスト（脚荷）の存在」［「患者」を指している］を負担し続けなければならないと繰り返された主張とまったく矛盾していた。ユージン・コゴン（Eugene Kogon, *Nazi Mass Murder: A Documentary History of the Use of Poison Gas*（New Haven, Conn., 1993））、26－27ページ。

75）カウフボウレン・イルジー（Kaufbeuren-Irsee）の患者の80％以上が、食べ物、たばこ、少額のお金の代わりに何らかの仕事をした。

76）マイケル・バーリー、ヴォルフガング・ウィッパーマン（Michael Burleigh and Wolfgang Wippermann, *The Racial State: Germany, 1933–1945*（London, 1991）, p.247.『人種主義国家ドイツ　１９３３－45』（芝田敬二訳））。

77）バーリー、２４７－２４８ページ、２６０－２６１ページ。「障害者権利擁護（Disability Rights Advocates）」は、ナチス政権下、工場で働くことを余儀なくされた生存している障害のある男女にインタビューを行った。

78）「障害者権利擁護（Disability Rights Advocates）」のインタビューから。

79）ギャラファーの著作（Gallagher, *By Trust Betrayed.*）から。保健医療費用の配分と優先順位をつけるという「コスト管理」の必要性に関する現在の議論は、医学的考慮よりもむしろ経済性の考慮に基づいており（特に障害者のための自殺幇助の議論に伴って）、それは障害者にとって恐ろしい響きである。

80）フリードランダー、１７３ページ。

81）「東部信託公社（Trusteeship Office East、［Die Haupttreuhandstelle Ost（ＨＴＯ）］）」は、ほぼすべてのゲットーに支店を構えていた。ナチスが略奪した金塊はベルリンに運ばれ、帝国銀行に預けられ、溶解された。正確な数字は定かでないが、そのほとんどはスイスに移送された。（中略）略奪された金品は、スイスにある民間銀行の貸金庫に預けられた」ジャン・ジーグラー（Jean Ziegler, *The Swiss, the Gold, and the Dead*（New York, 1998））、２０８ページ。

82）アドルフ・ドルナー編著（Adolf Dorner, ed., Mathematik im Dienste der nationalpoliticschen Erziehung mit Anwendungbeispielen aus Volkswissenschaft, Gelandekunde und Naturwissenschaft [Frankfurt am Main, 1935]）42ページ。バーリーとウィッパーマンの著書（Burleigh and Wipperman, *The Racial State.*）からの引用。

83）Ｔ４作戦内部統計の概要は、１９４５年にハートハイム城で発見された。米国国立公文書館（National Archives, Washington, D.C., T 1021, Heidelberger Dokumente, Roll 18, Item Nr. 100-12-463, Exhibit 39, p. 4.）所収。バーリーとウィッパーマンの著書（Burleigh and Wipperman, *The Racial State.*）に含まれている。

84）同上書。

85）同上書。

86）フリードランダー、２６３ページ。

87）フリードランダー、２６３ページ。

88）フリードランダー、２６４ページ。

89）フリードランダー、２６８ページ。

90）フリードランダー、２６６ページ。

91）同上書、２７０ページ。

92）フリードランダー、２７０-２７６ページ。

93）バーリー、２６９-２７０ページ。

フリードランダー、162-163ページ。

第3章

1）この章は主に、ロバート・プロクター（Robert Proctor）の『人種衛生学―ナチス政権下の医学―（Racial Hygiene: Medicine under the Nazis）』（Cambridge,Mass.,1988）、22～28ページに基づいている。
2）同上書。
3）同上書。
4）プロクターは、アメリカの社会ダーウィニズム派にとって、「経済競争は社会的生存における自然な形態であり、それはまた、変異と自然淘汰による徐々に進化する社会の成功と繁栄を保証する」と指摘している。
5）同上書。
6）ウォルター・ラカー編著（Walter Laqueur, ed., The Holocaust Encyclopedia, Yale University Press, 2001, p.508）、『ホロコースト大事典』柏書房、2003年）。
7）プロクター、22～26ページ。
8）同上書。
9）同上書、26～32ページ。
10）同上書。
11）同上書。
12）バーリー、15～18ページ。
13）同上書。
14）同上書。
15）同上書。
16）バーリー、19ページから引用。
17）同上書。

18）プロクター、40～41ページから引用。
19）同上書。
20）表はフリードランダーによる。
21）同上書。
22）プロクター、69ページから引用。
23）同上書。
24）同上書。
25）同上書。
26）同上書。
27）プロクター、74～80ページ。
28）同上書、101ページ。
29）同法は、懲罰的なものではなかったが、多くの人は「遺伝的欠陥」をもつ者に対する断種は、犯罪をなくすために役立つと信じていた。例えば、ある刑務所付きの聖職者は、「遺伝的病気をもつ人の何割かは、道徳的な欠陥があり、法を犯すという事実に鑑みれば、断種が犯罪を抑止する上でいかに重要かは容易に理解できる」と述べている。プロクター、102ページ。
30）表はフリードランダーによる。
31）同上書。
32）同上書。
33）同上書。
34）遺伝衛生裁判所の所業は機密であった。今日でさえ、それらの記録のほとんどがドイツの法律の保障の下で、極秘扱いとして保護されている。
35）フリードランダー、29ページ。
36）ホァスト・ビーゾルト（Horst Biesold, *Crying Hands: Eugenics and Deaf People in Nazi Germany*, Washington.D.

C,1999)。
37) ビーゾルト、36～41ページ。
38) ビーゾルト、42～43ページ。
39) ビーゾルト、45～46ページ。
40) 同上書。
41) ビーゾルト、54ページ。
42) ビーゾルト、56～57ページ。
43) 同上書。
44) 同上書。
45) ビーゾルト、58～61ページ。
46) ビーゾルト、62～63ページ。
47) ビーゾルト、64～657ページ。
48) ビーゾルト、68～69ページ。
49) 同上書。
50) ビーゾルト、73～75ページ。
51) ビーゾルト、76ページ。
52) ビーゾルト、77ページ。
53) 同上書。
54) ビーゾルト、80ページ。
55) ビーゾルト、144～147ページ。
56) 同上書。
57) 同上書。
58) 同上書。

59）同上書。
60）ビーゾルト、１６７～１６８ページ。
61）ビーゾルト、１６８ページ。
62）同上書。
63）ビーゾルト、１６７～１７０ページ。
　多くのドイツ人医師は、ナチス政権下での断種や安楽死プログラムに参加しなかった。幾人かの医師は単に断種の処置に同意することを拒んだし、組織的な抵抗も散発的には存在した。しかし、断種と安楽死計画に対するドイツ人医師たちの抵抗は、全般的に少なく、ほとんど記録されていない。安楽死計画で見られたように、ナチス時代のドイツで活動していた医師は、ドイツ国内で障害のある多くの患者が殺されていることを知っていても、どうすることもできなかった。一時は混み合っていた保護施設や養護施設が突然閉鎖される一方で、病院内の病棟全体が空になった。確かに、殺人計画はヒムラーが「秘密はもはや秘密ではなくなった」と述べた通りであった。
64）ビーゾルト、１４９～１５２ページ。

第４章

1）フリードランダー、１９０～１９１ページを参照のこと。
2）フリードランダー、１９２～１９３ページ。
3）フリードランダー、１９４ページ。
4）フリードランダー、２０３ページ。
5）同上書。
6）フリードランダー、２０５～２０６ページ。
7）フリードランダー、２０８ページ。
8）フリードランダー、２３１ページ。
9）フリードランダー、２３２ページ。

10）エビングハウス（Ebbinghaus）、２３２～２３６ページ、２４３～２４５ページ。スーザン・ベネディクト（Susan Benedict, "Nurses' Participation in the 'Euthanasia' Program of Nazi Germany."）。この報告書は、米国ホロコースト祈念館の研究奨励賞受賞者であるスーザン・ベネディクト（Susan Benedict）に与えられた医学倫理研究とホロコーストに関する研究成果であり、メルク社（Merck Company）財団から資金提供を受けたものである。

11）すべて、同上。

12）フリードランダー、２０９～２１０ページ。

13）フリードランダー、２１０ページ。

14）アルフレッド・ハスラー（Alfred Hasler）は、次のように説明している。「１９４３年8月13日までは、入国拒否者の正確な人数は記録されておらず、軍部が戦後に多くのそのようなリストを処分した可能性が高い」（Alfred Hasler, Dar Boot ist Voll: Die Scbweiz und d.ie Flucbtlinge, 1933-1945（Ztrich, Stuttgart, 1907）.）スイス連邦アーカイブ所長のクリストフ・グラーフ（Christoph Graf）による刊行物（"Die Schweiz und die fluchtlinge, 1933-1945" (Switzerland and the Refugees, 1933-1945), pp. 208-209.）では、10万人以上の難民が国境に戻されたと推定している。

15）スイスの制限的移民政策から免除されたのは、政治難民と軍の脱走者だけであった。

16）ハスラー、21～24ページ。

17）同上書。

第5章

1）ヒュー・G・ギャラファー（長瀬修訳）『（新装版）ナチスドイツと障害者安楽死計画』現代書館、２０１７年（Gallagher, By Trust Betrayed, pp.206-207.）。

2）同上書（p.207）。ロバート・コノット（Robert Conot, Justice at Nuremberg, New York, 1983）。

3）ドイツ管理委員会法第10号に基づくニュルンベルク軍事法廷における戦争犯罪者の裁判記録、１９４６年10月～１９４７年4月（Trials of War Criminals before the Nuremberg Military Tribunals Under Control Council Law No. 10, Nuremberg, October 1946–April 1947（Washington, D.C.）, Article II, section 1, paragraph (b), I:XVI.

Boerst 210.)。

4）同上書。

5）ギャラファー、前掲書（Gallagher, By Trust Betrayed, p.217）。

6）同上書（p.216）。

7）前掲書3)。

8）ドイツ管理委員会法第10号に基づくニュルンベルク軍事法廷における戦争犯罪者の裁判記録、（Trials of war criminals before the Nuremberg Military Tribunals,（Washington, D.C., 1949–1953）, Vol. 1.180: Notes to Chapter 403-439 z1 Notes 4/3/04 6:03 AM Page 180）。

9）カール・ローレン（Karl Loren, "Psychiatrists: The Men Behind Hitler," Burbank, Calif.: www.oralchelation.net/data/psychiatry/data\8n.htm.）。

10）同上書。

11）同上書。

12）同上書。

13）同上書。

14）同上書。

15）同上書。

16）同上書。

17）同上書。

18）同上書。

19）同上書。

20）同上書。

21）同上書。

22）前掲書1)（pp.217-218）。

23）同上書（p.224）。
24）同上書。
25）「障害者権利擁護（Disability Rights Advocates）」の資料から。
26）前掲書1）（p.242）。
27）同上書（p.247）。
28）同上書（p.248）。
29）同上書。
30）同上書（pp.254-255）。
31）同上書。
32）同上書。
33）ダイアン・B・ピアストロ（Diane B. Piastro, Nazi Legacies: Hate for Disabled in Modern Germany, New York, 1993）。
34）「障害者権利擁護（Disability Rights Advocates）」の資料から。

監訳者あとがき

本書は、Suzanne E. Evans, *Forgotten Crimes: the Holocaust and People with Disabilities*, Ivan R. Dee, Publisher, Chicago, USA, 2004 を完訳したものである。本書は主に、以下の3冊を引用、参照しながら、当時の関係者、生存者の証言を多用して、ナチスの安楽死計画の全容と殺戮の実態を一般にもわかりやすく、詳細に紹介している。

1. Henry Friedlander, *The Origins of Nazi Genocide: From Euthanasia to the Final Solution*（Chapel Hill, 1995）.
2. Michael Burleigh, *Death and Deliverance: "Euthanasia" in Germany, 1900–1945*（Cambridge, Mass., 1994）.
3. Hugh Gallagher, *By Trust Betrayed: Patients, Physicians, and the License to Kill in the Third Reich*（Arlington, Va.: 1995）.（ヒュー・G・ギャラファー（長瀬修訳）『〈新装版〉ナチスドイツと障害者安楽死計画』現代書館、２０１７年）

著者のスザンヌ E・エヴァンスは、作家、ジャーナリスト、弁護士であり、カリフォルニア大学バークレー校で歴史学の博士号を取得しており、彼女の記事はニューヨーク・タイムズ、ウォール・ストリート・ジャーナルに見られる。

彼女の著書には、本書のほかに、『伸びる子が育つ家族のつくり方―マキャベリの「君主論」に学ぶ17の教訓』(高濱正伸監訳、かんき出版、2014年。Suzanne Evans, *Machiavelli for Moms: Maxims on the Effective Governance of Children*, 2013)がある。

同書によれば、著者には4人の子どもがいて、娘さんの一人にダウン症の障害がある。出生前検査で胎児がダウン症である確率が3分の1と告げられたが、2005年に彼女を出産している。出産直後は、障害のある娘さんに動揺したものの、彼女は娘さんをかけがえのない一人の女の子として、深い愛情で向き合っているという。同書は、ユニークな育児書であり、4人の子どもたちとの子育ての奮戦記ともいえる。

・・・・・・・・・・・・・・

さて、本書を翻訳する直接の契機となったのは、2016年7月の相模原障害者施設殺傷事件である。神奈川県相模原市にある知的障害者施設「津久井やまゆり園」で、元施設職員の被告人が、19人の障害者を殺害し、27人に重軽傷を負わせた。同被告人は、同年2月、同施設の職員に「重度の障害者は生きていてもしかたない。安楽死させたほうがいい」と述べ、その後の措置入院中には、「ヒトラーの思想が2週間前に降りてきた」と述べたと報道されている。[1)] 被告人が言う安楽死とは、言うまでもなくヒトラーによる「安楽死計画」、T4作戦のことである。

事件直後の8月、監訳者の一人である清水貞夫から以前に入手していた本書を翻訳し、刊行することが提案された。黒田は、学外研究で3か月間滞在していたワルシャワにあるマリア・グジェゴジェフスカ大学

（ポーランド）からの帰国直後であった。翌9月からは、引き続いてハノイ師範大学（ベトナム）での学外研究に向かうため、帰国中に急遽、翻訳者チームへの参加を呼びかけた。メンバーは、科研費研究（基盤研究（A）「特別なニーズをもつ子どもへの教育・社会開発に関する比較研究」[2]）で共同研究に取り組んだ教育学、心理学、社会学、経済学を専門とする研究者であり、学際的な研究チームであるが、ドイツ現代史やナチス研究を専門とするものは含まれていない。

ただし、翻訳メンバーに共通する思いは、ナチスの安楽死計画の犯罪性を解明することの重要性に加え、安楽死計画の背後にある優生学のもつ問題性を改めて問いかけるという使命感であった。それはまた、科研費研究で、障害児者（特に知的障害を伴う場合）への教育・社会開発はなぜ二義的な課題なのか、国連・障害者権利条約の履行をいかに進めるのか、という問題意識を背景に、ドイツやイタリア、スペイン、ポーランドなどのヨーロッパ、ロシアにおける障害児教育・福祉の比較調査研究に取り組んだ経験を基礎にしていた。

この科研費研究を通じて、黒田を含めた数名は、ポーランドのアウシュヴィッツ・ビルケナウ強制収容所博物館を視察し、同国クラクフ市にあるバビンスキー特別病院（1903年設立）を訪問調査した。[3] 同病院は、ナチス支配下の1942年6月、566人のすべての患者（精神障害者）が、ナチスによって殺戮された。[4] 調査の際に病院関係者から、「ナチスは、患者を病院からアウシュヴィッツ収容所へ移送した後、その移送費用の請求書を病院に送りつけてきた」と教えられた。その時の衝撃、ナチスの徹底した「拝金主義」と「合理主義」のもつ異様さは忘れられないものとなった。

もちろん、アウシュヴィッツ・ビルケナウ強制収容所博物館の展示物の数々、特に、ヨーゼフ・メンゲレらによる人体実験に関する解説と写真パネル、障害のある人たちが使用していた義手や義足、松葉杖が数多く並べられた展示に言葉を失った。そのような経験は、相模原障害者施設殺傷事件の理不尽さへの憤り、事件の社会的解明に向けた思いと重なり、本書翻訳への原動力となった。

また、黒田が学外研究で滞在したマリア・グジェゴジェフスカ大学は、ヤヌシュ・コルチャック（コルチャック先生として知られる）が教鞭を執った歴史があり、黒田が毎日通った共同研究室にはコルチャックの肖像写真が飾られていた。コルチャックは、孤児院の子どもたちとともにトレブリンカ強制収容所に移送され、殺害されたが、彼の思想は戦後ポーランドの教育思想に引き継がれた。

ポーランドは、国連・子どもの権利条約の提案国（１９７８年草案提出）となった。黒田にとって、本書の翻訳は、コルチャックの思想と生き様、ポーランドでの障害者教育・福祉研究、さらに反ナチ抵抗運動で拘留された政治犯の収容施設であったパヴィアク刑務所博物館、ポーランド東部のマイダネク強制収容所博物館、ナチスの蛮行に関わる史跡等の視察、これらの経験で得た知見が後押しした。

・・・・・・・・・・・

本書翻訳チームは、このような研究背景と使命感をもって、翻訳に真摯に取り組んだ。しかしながら、ナチス研究の門外漢であるため、ドイツの地名や人名、ナチスの機関名などの固有名詞、専門用語に対する適切な訳語を選ぶことの難しさに苦戦した。

翻訳に際しては、多くの先行研究からの示唆を得て、訳出に参照させてもらった。特に、年代順に、木畑和子「第二次大戦下のドイツにおける『安楽死』問題」（井上茂子他『1939 ドイツ第三帝国と第二次世界大戦』同文館出版、1989年、所収）、F・K・カウル（日野秀逸訳）『アウシュヴィッツの医師たち―ナチズムと医学』（三省堂、1993年）、小俣和一郎『ナチスもう一つの大罪―「安楽死」とドイツ精神医学』（人文書院、1995年）、エルンスト・クレー（松下正明監訳）『第三帝国と安楽死』（批評社、1999年）、市野川容孝「ドイツ―優生学はナチズムか？」（米本昌平他『優生学と人間社会』講談社現代新書、2000年、所収）、中西喜久次『ナチスドイツと聴覚障害者―断種と「安楽死」政策を検証する』（文理閣、2002年）、佐野誠『近代啓蒙批判とナチズムの病理』（創文社、2003年）、中村満紀男編『優生学と障害者』（明石書店、2004年）、川越修『社会国家の生成―20世紀社会とナチズム』（岩波書店、2004年）、イアン・カーショー（福永美和子訳、石田勇治監修）『ヒトラー・下』（白水社、2016年）、ヒュー・G・ギャラファー（長瀬修訳）『［新装版］ナチスドイツと障害者「安楽死」計画』（現代書館、2017年。旧版は1996年刊）から多くの示唆を得た。

しかしながら、管見によれば、ナチスの「安楽死計画」を詳述した和書（翻訳書含め）は少なく、ナチス関連本が数多く出版されていても「安楽死計画」に関する記述は少し触れられている程度である。このような出版事情を考えれば、今般の本書の翻訳、刊行の意義は大きいものと自負している。

なお近刊では、ウェンディ・ロワー（武井彩佳監訳）『ヒトラーの娘たち―ホロコーストに加担したドイツ女性』（明石書店、2016年。Wendy Lower, *Hitler's Furies: German Women in Nazi Killing Fields*, (Houghton Mifflin Harcourt Publishing 2013)）には、「安楽死計画」に従事した加害者である女性たち、教師、看護師などのリアルな姿が詳述されている。

・・・・・・・・・・・・・

ナチス体制に移行することとなったドイツは、第一次世界大戦の敗北とヴェルサイユ条約による多額の賠償金の負担、失業者の増加とインフレ、極めて厳しい経済生活、頻繁な政権交代といった政治経済の不安定性を強いられていた。さらに、1929年、ニューヨークのウォール街での株価大暴落を端緒とした世界大恐慌は、世界経済を混乱に陥れた。ドイツ社会もまたそのような混乱の中、ヒトラー率いるナチスが、1933年1月に政権を獲得したのであった。

19世紀末以来、欧米で発展した優生学は、ドイツの経済的混乱を背景に、患者や障害者のケアに関わる財政負担を経済効率性から問題視し、安楽死や強制断種に関わる議論へと展開した。ヒトラーによる人種衛生学の信奉に基づく民族国家、国民国家の形成と強化は、1933年7月、遺伝病子孫予防法（断種法）の制定として具体化された。障害者の強制断種、さらには安楽死計画が実施された。

強制断種は法治主義に基づいて形式的手続きを踏んだものの、安楽死計画はヒトラーによる秘密の命令書に基づいて超法規的に実施された。もちろん、遺伝病子孫予防法は、法といえども悪法でしかなく、自由や権利を保障する法の支配を原理にするものではなかった（法治主義は近代ドイツ法学に由来し、ワイマール憲法下においても法治主義のもつ弱点があったと言われている[5]）。

また、安楽死計画には「安楽死」という言葉が使用されているが、本人の意思に基づかない殺害でしかなく、障害者の大量殺戮計画であった。そして、障害者の大量殺戮で培われたシステム―ジークムント・バウマンの言う近代合理主義と官僚主義に基づく―[6]は、ユダヤ人等の大量殺戮、ホロコーストへと進められていったのである。

このような歴史的経過と教訓から、現代日本と障害者の置かれた社会状況、政策動向をどのように見つめ直し、考え、行動する必要があるのか、その方向性が問われている。

第一は、経済合理性や効率性の重視を背景とした、障害者の労働市場からの排除、障害者施策に関わる財政問題が、障害者の生活条件や社会参加を歪めていることへの対抗である。

2006年施行の障害者自立支援法は、「応益負担」の原則に基づいて、より多くのサービス、支援が必要な障害者（重度障害者）ほど「利用料」という経済的負担を課し、他方で障害者の自立を名目にして就労を促進させるという重大な問題性をもった悪法であった。[7]それは言わば、障害者が福祉の利用で「税を食い潰す者」(free rider) ではなく、働いて税金を支払う「租税負担者」(tax payer) となるようにと政策誘導するものである。しかし、本法に対する障害当事者や家族、関係者による反対運動、数々の違憲訴訟が起こされ、国民世論が大きく動き、政府は応益負担緩和等の一定の政策転換、違憲訴訟団との「基本合意文書」(2010年)[8]の締結を余儀なくされた。

しかし、政府のこのような姿勢は、改められたのではなく、引き続き見え隠れしている。国は、2016年7月、「『我が事・丸ごと』地域共生社会実現本部」を立ち上げ、2017年2月には、「『地域共生社会』の実現に向けて（当面の改革工程）」を公表し、「地域包括ケアシステムの強化のための介護保険法等の一部を改正する法律案」を上程し、同年5月には可決、成立した。

先の「『我が事・丸ごと』地域共生社会実現本部」のコンセプトには、「今般、一億総活躍社会づくりが進められる中、福祉分野においても、パラダイムを転換し、福祉は与えるもの、与えられるものといったように、『支え手側』と『受け手側』に分かれるのではなく、地域のあらゆる住民が役割をもち、支え合いながら、自分らしく活躍できる地域コミュニティを育成し、公的な福祉サービスと協働して助け合いながら暮らすことのできる『地域共生社会』を実現する必要がある」と記されている。

「一億総活躍社会づくり」と「地域共生社会の実現」という「美名」のもとに、福祉財政を抑制し、公的保障をさらに薄め、国民の負担を強いる狙いがあると考えるのは極論だろうか。あるいは、子どもの貧困や貧富の格差が拡大し、社会基盤が大きく揺らいでいるという実態への有効な施策であるとは到底考えられない。国が、障害者（介護の必要な、障害のある高齢者含め）の尊厳と権利を保障する施策、その公的責任性を発揮させるように対峙しなければならない。

歴史的経過から考える方向性の第二は、障害者の尊厳を守り、インクルーシブ（＝包摂）社会（inclusive society）の構築とそのための社会的結束（social cohesion）、市民的な共同・連帯をどのように進めるのか、その運動と実践を広げることである。

きょうされんによる「障害のある人の地域生活実態調査報告書」（２０１６年5月）[9]によれば、障害のある人の「81・6％が、相対的貧困以下の生活」（年収１２２万円以下）を強いられており、「ワーキングプア以下の障害のある人は98・1％」（年収２００万円以下）、さらに「生活保護の受給率は、国民一般の6

倍以上」であるという。また、親との同居割合は、40歳代前半までは5割を超えており、親を中心とした家族に依存しており、一人暮らし（自立した生活）の難しさが指摘されている。

このような障害者の生活状況は、尊厳を守られている状態であるとは決して言えない。障害者の「自立を促す」などをうたった法律とはほど遠い実態である。障害者の置かれた経済的側面、社会的側面を見るだけでも、「社会の最下層に置き去りにされた人々」（同報告書）と見なされ、障害者は社会から排除されていると捉えざるを得ない。障害者の尊厳の尊重は、国連・障害者権利条約に貫かれた基本的な目的であり、日本政府は同条約を２０１４年に批准していることからも、尊厳の尊重、差別の解消、合理的配慮に基づいた施策の積極的な推進が問われている。

さらに、インクルーシブ社会の促進と構築のための社会的結束という点では、障害のある人に対する差別や偏見を解消する運動や実践を、市民社会のすべての構成員によって進めていく必要があろう。ナチスによる障害者の殺戮は、本書によるとT４安楽死計画の一部として殺戮された人は、27万人から40万人と言われているが、当然のことながら障害のある人たち一人ひとりには名前があり、家族があり、かけがえのない人生があった。相模原障害者施設殺傷事件の犠牲者19人もである。[10]

社会的属性として、障害者や犠牲者を総体として把握することは、ややもすれば個々人の存在や人から、一人ひとりの尊厳、人格への関心を薄めてしまいがちである（もちろん、そういう属性で把握し、表現することを否定しているわけではない）。例えば、高齢社会の進展によって、「医療費や介護費用、年金による負担が若い世代の肩にのしかかる」と表現されることによって、高齢者が長生きすることを疎んじるような論調が見られる。

しかし、他方では、肉親の祖父母、あるいは親密な間柄の高齢者（「○○さん」）に対しては、誰もが長生きを願い、祝福する。それは、障害のある人に対しても同様である。この矛盾は何か。社会的属性による総体の把握、あるいは「顔の見えない匿名性」が前提となる認知が、社会関係におけるデメリット、疎外や排除を生み出しかねないと言えないだろうか。異なる社会属性の人が交流し、共同するような取り組みや場所をつくることによって、文化的多様性（cultural diversity）を育み、相互を理解し、尊重し合える関係や社会を形成することにつながるだろう。

もちろん、顔の見える関係が、かえって、対立や排除につながることもあり、どのような関わりをもち、どのような活動を意識的につくりだすのかが肝心である。大学教育に関わる者の立場からすれば、インクルーシブ社会の構築には、福祉教育やボランティア活動、生涯学習の役割もまた大きいものと考えている。国家が国民（構成員）の自由や権利を無差別平等に保障する施策を推進すること、そのような誰も排除しない、「誰ひとり取り残さない」（"leaving no one left behind"[11]）社会の基礎があってこそ、人々は安心して生活することが可能であり、相互に理解し、尊重し合える社会を形成することになる。

私たちは、そのような政治や社会のあり方、方向性を合意した社会をめざすのか、あるいは、人間の生命・生活・人生（life）を値踏みし（「生きるに値しない命」として）、妙な理屈（時には人種衛生学などの「科学的装い」）をまとって他者の自由や権利を奪い、競争主義に基づいて他者を容易に排除する社会をめざすのか、ナチスの歴史に学ぶところは大きい。それは言うまでもなく、ある閣僚の言った「ナチスの手口」に学ぶことではない。[12]

末尾になりますが、ドイツの地名や人名の訳語に多くの示唆を与えていただき、ご協力いただきましたフォン・フラクシュタイン・アレクサンドラ先生（岐阜大学地域科学部准教授）に心から感謝申し上げます。

２０１７年８月６日　広島「原爆の日」に核兵器の廃絶と平和を願って

監訳者　黒田　学

【注】

1）「時事通信」（２０１６年7月28日付）、「ハフィントンポスト」（２０１６年7月28日付）など。

2）基盤研究（A）「特別なニーズをもつ子どもへの教育・社会開発に関する比較研究」、研究代表者・黒田学、ＪＳＰＳ２３２５２０１０、２０１１年度～２０１５年度。本研究の成果は、黒田学編『「世界の特別ニーズ教育と社会開発」シリーズ』（全4巻、クリエイツかもがわ）から刊行している。

3）黒田学編『ヨーロッパのインクルーシブ教育と福祉の課題─「世界の特別ニーズ教育と社会開発」シリーズ３』クリエイツかもがわ、２０１６年、１４２ページ。

4）この1942年6月という時期は、1941年8月のいわゆる「安楽死中止」命令後、「14f13」作戦への移行後にあたり、ポーランド等の東方で障害者の殺戮が続行されていたことがわかる。

5）ニコラ・ベルトランは、ナチスの強制収容所における拘禁制度を考察するなかで、強制収容所の拘禁が総じて規則および規程の手続き（法的かつ合理的な体裁）に準じて進められたことを論証している。ただし、その拘禁制度は全体主義型規律という特殊性をもち、総統ヒトラーの意向に基盤を置いていたという。規則が通常の法秩序の体制内で策定されても、総統の意向に合致しているか否かが唯一の基準となっていた。そのような特殊性をもとに、「法秩序の形式と仕組みは、抑圧を非人間性の極限まで推し進めるために用いられた」という（ニコラ・ベルトラン（吉田恒雄訳）『ナチ強制収容所における拘禁制度』白水社、2017年、30～34ページ、320ページ）。そういう意味では、ヒトラー体制下では、法治主義という体裁（もはや法治主義とも言えない）によって、ヒトラーの意向に基づく「法・規則」の遵守が徹底され、非人道的行為が正当化されたのである。

6）ジークムント・バウマンは、ホロコーストが近代合理主義、官僚制度の産物であるとし、「非人間化は近代官僚制度の最大の本質である合理化傾向と切っても切り離せない」、「大量殺戮の実行に不可欠とされる技術的要素は、近代化プロセスのなかで発展した官僚的行動様式がすべてを含んでいた」と指摘しており、近代社会のもつ危険性を警鐘している（ジークムント・バウマン（森田典正訳）『近代とホロコースト』大月書店、2006年、133～134ページ）。

なお、ロベルト・S・ヴィストリヒは、バウマンがホロコーストを近代化の帰結と捉えた点を一定認めつつも、次のように異論を唱えている。「ホロコーストは合理的な理屈で行われたわけではない。ナチの大量殺戮による民族の絶滅という政策を分類するのに、『近代化』のレッテルを貼ると、大量殺戮はまるで普通の資本主義の発展からわずかに逸脱したヴァリエーションでもあるかのように、平板化された『正常なもの』とされてしまう」（ロベルト・S・ヴィストリヒ（相馬保夫監訳、大山晶訳）『ヒトラーとホロコースト』ランダムハウス講談社、2006年、299～303ページ）。

7）1990年代以降、先進国における生活保障や貧困対策は、「福祉から就労へ」という社会政策の転換がなされてきた。この政策転換は、アクティベーション、積極的労働市場政策（フレキシキュリティ）とも言われるもので、最低限度の生活保障への財政負担を軽減し、貧困層を租税負担者として就労させ、彼らの経済的自立を図ろうというものである。

8）障害者自立支援法違憲訴訟・基本合意文書（２０１０年）および障害者権利条約に依拠して、障がい者制度改革推進会議総合福祉部会は、障害者自立支援法を廃止した後の新たな法律の「骨格提言」（２０１１年）を発表した。これは、障害者総合福祉法制定にあたって次の６つの目標を求めた。①障害のない市民との平等と公平、②谷間や空白の解消（障害の種別間の谷間や制度間の空白の解消）、③格差の是正、④放置できない社会問題の解決（精神障害者の「社会的入院」に対する地域移行）、⑤本人のニーズにあった支援サービス、⑥安定した予算の確保（財政面の裏打ち、障害者福祉予算の確保）。なお、その後制定された障害者総合支援法の内容は、「骨格提言」と大きな格差があり、各界からの批判の声や地方議会の意見書が多数出された。

9）きょうされん「障害のある人の地域生活実態調査報告書」（２０１６年５月）（http://www.kyosaren.or.jp/wp-content/themes/kyosaren/img/page/activity/x/x_1.pdf、２０１７年８月１日閲覧）。

10）相模原障害者施設殺傷事件を受けて、共同通信が実施した全国の知的障害者の家族へのアンケートによると、「被害者を匿名で発表した今回の警察対応について聞いた結果、回答者の約４割が『実名で発表すべきだった』と考えて」おり、「『個人が生きてきた証しを刻むため』といった理由が多い」という。なおアンケートは、「事件から１年となるのを前に、６月下旬から７月上旬に実施。知的障害者とその家族でつくる『全国手をつなぐ育成会連合会』を通じて全国の約５５０家族に質問書を送付し、３０４家族が答えた」ものである（「産経ニュース」２０１７年７月28日付、http://www.sankei.com/affairs/news/170728/afr1707280004-n1.html、２０１７年８月１日閲覧）。

11）「誰ひとり取り残さない」（"leaving no one left behind"）というスローガンは、２０１５年９月、国連総会で採択された「持続可能な開発目標（SDGs）」（「持続可能な開発のための２０３０アジェンダ」）におけるものである。ＳＤＧｓは、「貧困の撲滅」など17の目標、１６９のターゲットから構成されている。目標４には教育に関する目標が記され、「2030年までに、障害のある人、先住民、脆弱な状況にある子どもたちを含む、脆弱な人々に対する教育におけるジェンダー格差を排除し、すべてのレベルの教育と職業訓練への平等なアクセスを確保する」(目標4・5)こと、「子ども、障害者、ジェンダーに配慮した教育施設を構築、改善し、すべての人に安全で非暴力的、包括的、効果的な学習環境を提供する」(目標4・a)ことを掲げている。また、目標8には労働・雇用に関する目標が記され、「2030年までに、青少年や障害者を含むすべての男女の、完全かつ生産的な雇用とディーセントワーク、同一労働同一賃金を達成する」(目標8・5)としている。

12) その閣僚の発言の一部は、「憲法は、ある日気づいたら、ワイマール憲法が変わって、ナチス憲法に変わっていたんですよ。だれも気づかないで変わった。あの手口学んだらどうかね。」(麻生太郎副総理談、2013年7月29日)というものであるが、その後、この発言は撤回された(2013年8月1日)。ただし、この発言に見られる歴史認識は、ヒトラーの政権獲得に至る歴史的事実と異なり、そもそも「ナチス憲法」というものはない。(追記:脱稿後の2017年8月29日、同閣僚は、自らの派閥研修会で「(政治家になる)動機は問わない。問題は結果を出してもらわないといけない。いくら動機が正しくても、何百万人も殺しちゃったヒトラーは、やっぱりいくら動機が正しくてもだめなんですよ」と発言し、ヒトラーの動機を評価するのかと批判を浴び、翌日撤回した。)

マウツ，フリードリッヒ（Mauz, Friedrich） 110
マウトハウゼン（Mauthausen） 77, 97
マクマホン，エド（McMahon, Ed） 178
マックス・プランク脳科学研究所（Max Planck） 170
ミューラー牧師（Mueller または Müller） 126, 127
『民族と人種』（"Volk und Rasse"） 104
メゼリッツ＝オブラヴァルデ精神病院（Meseritz-Obrawalde） 71, 86
メン H.（Meng, H.） 175
メンゲレ，ヨーゼフ（Mengele, Josef） 80, 81, 82
メンネッケ，フリードリッヒ（Mennecke, Friedrich） 28, 161, 170
モーツ博士（Mootz） 145
モレル，テオ（Morell, Theodor Gilbert） 24

〔ヤ行〕

ヤコブ病院・養護施設（Jacoby） 93
野生化した安楽死 70, 71, 149
ヤド・ヴァシェム祈念館（Yad Vashem） 173

〔ラ行〕

ライタ，ハンス（Reiter, Hans） 139
ライヒ，オットー（Reich, Otto） 113
ライプツィヒ大学（Leipzig） 20, 28, 83, 105, 110
リヒテンベァク，ベァンハート（Lichtenberg, Bernhard） 69
リュディン，エァンスト（Rudin, Ernst） 101, 109, 112, 164, 165, 171
リンデン，ヘァベァト（Linden, Herbert） 45, 46
リンブルクの司教（Limburg） 68
ルイス，ジェリー（Lewis, Jerry） 177, 178
レーナ，ルートヴィヒ（Lehner, Ludwig） 33, 34
レーマン，ゴットホルト（Lehmann, Gotthold） 118
レーマン，ユリウス（Lehmann, Julius） 104
レノ，ゲオーク（Renno, Georg） 29
レンツ，フリッツ（Lenz, Fritz） 109, 171
ロックフェラー，ジョン D.（Rockefeller, John D.） 103
ロニック，オスカー（Ronigk, Oskar） 122
ロマネンコ，ウラジーミル（Romanenko, Vladimir） 76
ロレント，フリードリッヒ（Lorent, Friedrich） 139

〔ワ行〕

ワグナ，ゲァハルト（Wagner, Gerhard） 23

バウア，エァウィン（Bauer, Erwin） 109
ハウス，フリードリッヒ（Haus, Friedrich） 138
パウリーネの家（Pauline） 117, 126, 127
ハラーフォーデン，ユリウス（Hallervorden, Julius） 39, 54, 110, 169, 170
パンセ，フリードリッヒ（Panse, Friedrich） 110
ビーゾルト，ホァスト（Biesold, Horst） 116, 117, 128
ビンディング，カール（Binding, Karl） 105, 106, 107
フィッシャ，オイゲン（Fischer, Eugen） 107, 108, 109
フィリンガ，ヴェァナ（Villinger, Werner） 110, 171
ブーラ，フィリップ（Bouhler, Philipp） 8, 44, 45, 46, 47, 76, 96, 98, 139, 158, 159
フェルド・ロズマン、ローゼ（Feld-Rosman, Rose） 88
フォアベァク，ラインホルト（Vorberg, Reinhold） 139
フォレル，オーギュスト（Forel, August） 111
フォン・ガーレン，クレメンス・アウグスト・グラフ（Von Galen, Clemens August Graf） 67
フォン・ブラウンミュール（Von Braunmuhl または Braunmühl） 157
フォン・ヘーゲナ，リヒャルト（Von Hegener, Richard） 139, 140
プファンミュラー，ヘァマン（Pfannmüller, Hermann） 28, 32, 33, 34, 35, 39, 73, 96, 157, 161, 168, 169
プフィングステン，ゲオルグ（Pfingsten, Georg） 123
ブラウネ，パウル・ゲァハート（Braune, Paul Gerhard） 69
ブラック，ヴィクター（Brack, Victor） 44, 45, 53, 78, 93, 138, 158, 159, 161, 162, 163
ブランケンブルク，ヴェァナ（Blankenburg, Werner） 138, 140
ブランデンブルク（Brandenburg） 26, 28, 36, 50, 54, 55, 64, 83, 84, 110, 140, 150, 162, 163, 166, 167
ブラント，カール（Brandt, Karl Franz Friedrich） 8, 21, 22, 158, 159, 161
フリードランダー，ヘンリー（Friedlander, Henry） 50, 54, 56, 60, 93, 94, 95, 96, 101, 115, 139, 140, 142
プレッツ，アルフレード（Ploetz, Alfred） 103, 104, 107
プロクター，ロバート（Proctor, Robert） 101, 102, 103, 104, 106, 107, 108, 112, 113, 134
ベータ，グスタフ（Boeter, Gustav） 113
ヘーフェルマン，ハンス（Hefelmann, Hans） 139, 140, 163, 164
ベーメ，カール（Bohme, Karl） 159
ベッカ，アウグスト（Becker, Albert August） 149, 150
ベッカ，ハンス - ヨアヒム（Becker, Hans-Joachim） 138
ヘッケル，エァンスト（Haeckel, Ernst） 103
ヘネッケ，ギュンター（Hennecke, Günther） 64
ボァマン，マーティン（Bormann, Martin） 44
保安警察（Sipo） 76, 141
放射線 78, 79
ボーネ，ゲァハート（Bohne, Gerhard） 138, 140
ポーリッシュ，クァト（Pohlisch, Kurt） 110
ホッヘ，アルフレート（Hoche, Alfred） 44, 105, 106, 107, 109
ボニーチェ，ジャック（Vonèche, Jacques） 134
ホルツシュー，ヘァマン（Holzschuh, Hermann） 141

〔マ行〕
マーガレーテ T.（Margarete T.） 147
マータ W.（Martha W.） 146

シュタインホーフ病院にあるアム・シュピーゲルグルント小児棟 (Steinhof, Am Spiegelgrund) 38, 143, 154
シュタウダ, アルフォンス (Stauder, Alfons) 109
シュタンゲル, フランツ (Stangl, Franz) 57, 58, 141
シュット, ハンス・ハインツ (Schutt, Hans-Heinz) 142
シュナイダ, ウィリー (Schneider, Willy) 139
シュナイダ, カール (Schneider, Carl) 83, 110, 167
『種の起源』(ダーウィン著) 102
シュミーデル, フリッツ (Schmiedel, Fritz) 139
シュミット, ヴァルター (Schmidt, Walter) 170
シュミット, ハンス (Schmidt, Hans) 71
シュルツ, ヴァルター (Schultz, Walter) 72
シュレスヴィッヒ地方のろう学校 (Schleswig) 123
『諸人種の不平等に関する試論』(ゴビノー著) 102
ジョゼフ・アルテュール・ド・ゴビノー伯爵 (Joseph Arthur Comte de Gobineau) 102
親衛隊行動隊 75
親衛隊情報部 (SD) 76
親衛隊の人種および移住本部 (RuSHA) 165
シンガ, エドウィン (Singer, Edwin) 120
シンガ, ペータ (Singer, Peter) 11
『人種衛生学―ナチス政権下の医学―』(プロクター著) 101
人種衛生学運動 103, 104, 105
『人種と社会生態学のためのアーカイブ』(レーマン著) 104
ゾンネンシュタイン (Sonnenstein) 50, 59, 64, 77, 110

〔タ行〕

ツィェライス, フランツ (Ziereis, Franz) 97
ツッカ, コンラート (Zucker, Konrad) 110
T4作戦 49, 57, 58, 59, 60, 66, 71, 76, 86, 91, 94, 138, 139, 140, 141, 142, 149, 150, 151, 163, 166, 167, 171
帝国衛生局 139
帝国刑事警察長官 70
帝国重度遺伝病科学委員会 25, 26, 167
帝国精神病院事業団 (RAG) 47
帝国内務省 (RMDI) 35, 45, 93
帝国保安本部 (RHSA) 150
帝国法務大臣 68
帝国ユダヤ人協会 93, 94, 95
テイラー, テルフォード (Taylor, Telford) 159, 160
ティルマン, フリードリヒ (Tillmann, Friedrich) 139, 140
特別登録事務所 62
トレブリンカ (Treblinka) 57, 58, 141, 166

〔ナ行〕

ニッチェ, パウル (Nitsche, Paul) 16, 83, 165
ニュルンベルク裁判 (Nuremberg) 21, 23, 78, 93, 95, 143, 150, 161, 165, 167
ネーベ, アートゥァ (Nebe, Arthur) 70, 71, 138, 150
ノイエンガメ (Neuengamme) 77

〔ハ行〕

ハートハイム (Hartheim) 31, 50, 55, 56, 57, 58, 59, 77, 91, 97, 140, 141
ハイデ, ヴェァナ (Heyde, Werner) 163, 165, 166
ハイデブレデ (Heidebrede) 123
ハイドリヒ, ラインハート (Heydrich, Reinhard) 192
ハインツェ, ハンス (Heinze, Hans) 28, 36, 39, 110, 167, 168

索引

〔ア行〕
アイァリッヒ (Eyerich)　126, 127
アイヒベルク (Eichberg)　26, 28, 87, 170
アイマン，クァト (Eimann, Kurt)　74
アブラムス，ローバト (Abrams, Robert)　156
アラース，ディートリッヒ (Allers, Dietrich)　138, 140
アレクサンダ、レオ (Alexander, Leo)　78, 79, 157
イー・ゲー・ファーベン化学会社 (I.G. Farbenindustrie AG)　88, 150
イーディト B (Edith B)　148
イェケリウス，エァヴィン (Jekelius, Erwin)　29
『生きるに値しない命を終わらせる行為の解禁』(ビンディング、ホッへ著)　105
遺伝病子孫予防法 (断種法)　78, 104, 111, 113, 115, 118, 123
イリング，エァンスト (Illing, Ernst)　29, 143
ウァスベルク精神薄弱児ホーム (Ursberg)　26
ヴァハシュトゥァムバン・アイマン (Wachsturmbann Eimann)　74
ヴィチョレック，ヘレーネ (Wieczorek, Helene)　144
ヴィトマン，アルベァト (Widmann, Albert)　70, 71
ヴィルト，クリスチャン (Wirth, Christian)　31, 57, 58, 59, 140, 141
ウェルニッケ，ヒルデ (Wernicke, Hilde)　28
ヴォアン (Wurm)　51, 52
ヴォーガー，ヤコブ (Woger, Jacob)　141
エァドマン，ルイゼ (Erdmann, Luise)　144
エァナ D (Erna D)　146
エーベァル，イァムフリート (Eberl, Irmfried)　54, 150, 166
エールス，アーボルト (Oels, Arbold)　139
エルメンドァフ治療教育訓練センター (Elmendorf)　131

〔カ行〕
ガムシュターダ，カール (Gamstader, Karl)　121
歓喜力行団 (KdF)　139, 163
キーン，ベァトルト (Kihn, Berthold)　110
キエフ病理学研究所 (Kiev)　71
ギャラファー，ヒュー (Gallagher, Hugh)　89, 160, 175, 176, 177, 178
ギュンター，ハンス (Günther, Hans)　109
クラウベァク，クラウス (Clauberg, Claus)　79
グラスナ，レオナルト (Glassner, Leonard)　37
ゲァトルーデ F (Gertrude F.)　149
ケーラー，エドウィン (Kehere, Edwin)　111
公益患者輸送有限会社　46, 55, 131
公益施設基金　47
国民社会主義者教員連盟　118
国民社会主義者ドイツ医師同盟　108, 109
『子どもの人格と異常性』　167

〔サ行〕
ザワデ (Sawade)　163
ジーベァト，ゲァハート (Siebert, Gerhard)　139
シーメンス社 (Siemens)　88
シェーファー (Schafer)　74
シェレーゲルベァガ (Schlegelberger)　69
ジゲリスト，ヘンリー (Sigerist, Henry)　176
社会ダーウィニズム　102
14f13 作戦　76, 77, 97, 151
シューマン，ホァスト (Schumann, Horst)　78
シュエッペ，ヴィルヘルム・グスタフ (Schueppe, Wilhelm Gustav)　71

著者・翻訳者一覧

〔著　者〕
スザンヌ E・エヴァンス（Suzanne E. Evans）
作家、ジャーナリスト、弁護士。米国カリフォルニア州ウィッティア生まれ。歴史学博士（カリフォルニア大学バークレー校)。『ロサンゼルス・ビジネス・ジャーナル』記者を経て現職。主な著書、『伸びる子が育つ家族のつくり方―マキャベリの「君主論」に学ぶ17の教訓』（高濱正伸監訳、かんき出版、2014年。Suzanne Evans, Machiavelli for Moms: Maxims on the Effective Governance of Children, 2013）など。

〔監訳者〕
黒田　学（くろだ　まなぶ）：第2章、監訳者あとがき
立命館大学産業社会学部教授。障害児福祉、地域福祉。1963年生まれ。主な著書、黒田学編『「世界の特別ニーズ教育と社会開発」シリーズ』（全4巻、クリエイツかもがわ、2015～2017年)、黒田学・よさのうみ福祉会編『福祉がつなぐ地域再生の挑戦―自治体と歩む障害者福祉の可能性』(同、2012年）など。

清水貞夫（しみず　さだお）：序、はじめに
宮城教育大学名誉教授。障害児教育学。1940年生まれ。主な著書、『キーワードブック特別支援教育の授業づくり』（クリエイツかもがわ、2012年)『インクルーシブ教育への提言』(同、2011年)『特別支援教育コーディネーター必携ハンドブック』（同、同年)、など。

〔翻訳者〕
平沼博将（ひらぬま　ひろまさ）：第1章
大阪電気通信大学工学部 人間科学研究センター教授。発達心理学、保育学。1971年生まれ。主な著書（共著)、『子どもの命を守るために―保育事故裁判から保育を問い直す』（クリエイツかもがわ、2016年)、『キーワードブック特別支援教育―インクルーシブ教育時代の障害児教育』（同、2015年)、など。

一井　崇（いちい　たかし）：第3章
立命館大学大学院博士課程後期課程院生。障害者福祉、観光社会学。1973年生まれ。主な著書(共著)、『ヨーロッパのインクルーシブ教育と福祉の課題』（クリエイツかもがわ、2016年）など。

野村　実（のむら　みのる）：第4章
立命館大学大学院博士課程後期課程院生、日本学術振興会特別研究員（DC2)。地域社会学、交通政策論。1990年生まれ。主な著書（共著)、『ヨーロッパのインクルーシブ教育と福祉の課題』（クリエイツかもがわ、2016)、「都市部における生活ニーズに応じたコミュニティ交通の役割」（『立命館産業社会論集』2016）など。

岡花祈一郎（おかはな　きいちろう）：第5章
福岡女学院大学人間関係学部講師。幼児教育学、保育学。1981年生まれ。主な著書（共著)、『ロシアの障害児教育・インクルーシブ教育』（クリエイツかもがわ、2015)、『保育課程論』（北大路書房、2011）など。

小西　豊（こにし　ゆたか）：第6章、索引
岐阜大学地域科学部准教授。比較経済体制論、ロシア経済。1965年生まれ。主な著書(共著)、『ロシアの障害児教育・インクルーシブ教育』（クリエイツかもがわ、2015)、『現代ロシア経済論』（ミネルヴァ書房、2011）など。

障害者の安楽死計画とホロコースト
ナチスの忘れ去られた犯罪

2017年12月31日　初版発行

著　者●スザンヌ E・エヴァンス
監　訳●黒田　学・清水貞夫
発行者●田島英二　taji@creates-k.co.jp
発行所●株式会社 クリエイツかもがわ
〒601-8382 京都市南区吉祥院石原上川原町 21
電話 075(661)5741　FAX 075(693)6605
http://www.creates-k.co.jp　info@creates-k.co.jp
郵便振替　00990-7-150584
装丁・デザイン●菅田　亮
印刷所●モリモト印刷株式会社
ISBN978-4-86342-229-2 C0036　printed in japan